ホンモノの思考力

樋口裕一
Higuchi Yuichi

a pilot of wisdom

はじめに

論理的思考を訓練する書物はすでにたくさん出ている。議論に負けないためのコツを教える本も何冊かある。そして、それらの中には、論理学の方法やディベートのテクニックを応用した本格的なものも含まれている。そういう意味では、これ以上、論理的思考法の本を新たに増やす必要などないと言えなくもない。

だが、これまで出された書物を繰り返し読んだとしても、はたして一般の人が本当に日常生活で役に立つ思考力を身につけられるか、そして、それを退屈せずに楽しく読みとおすことができるかどうかとなると、私は大いに疑いを抱かざるをえないのだ。

心理学が現実に人の心を探る上でほとんど役に立たないのと同じように、論理学も実際の生活の場で役に立つとは思われない。論理学で用いられる論理と日常の論理は異なる。論理学に基づいて考えたからといって、現実社会で的確な判断ができ、深く分析できるとは限らない。また、ディベートはある一定のルールに基づいて行われるものだが、そのようなルールが日常生活の中で成り立つことがあるとは思われない。

いや、そもそも、いくつものテクニックが無味乾燥に並ぶだけの書物を読んでも、おもしろさを感じることはなかろう。おもしろみのないものを実行しても、それが身につくとは思われない。

そこで、本書では、まず論理的な思考の秘密を探ることを心がける。それを上手に利用し、コツをマニュアル化する。それを実行することによって手軽に楽しみながら自分を知的に見せる。そして、それを続けるうちにいつのまにかホンモノの思考力が身についている。私はそのようなことを、本書で目論んでいる。

私は二〇年ほど前から大学受験生を相手に小論文を指導してきた。最近では、通信添削を通して、小学生から社会人までの文章指導を行っている。そうしながら感じるのは、小論文のノウハウがそのまま思考力を高めるのにつながるということだ。

多くの受講生が高校受験や大学受験のために、あるいは就職試験や昇進試験のために、いやいやながら小論文を勉強する。だが、初めは見よう見まねで書いているうちに、考え方の基本を身につけ、ある一定の方法で思考することによって、飛躍的に思考力を高める。社会について、人間について深く分析できるようになる。

私は本書を、そのノウハウを用いて書いた。いくつかの章には練習問題も配した。問題を解いてみることで、思考力が養成されるはずだ。以前に出した文章術の指南書『ホンモノの文章力』（集英社新書）とともに、本書を、自分なりの思考力を高めるための手引きとして用いてくだされば、こんなうれしいことはない。

目次

レイアウト／小島由記子

第一章　二項対立思考と型思考と背伸び思考

■フランスでの三つの発見

学生のころ、フランス文学を勉強していた私は、つねひごろ素朴な疑問を抱いていた。なぜ、フランス人は誰もかれもこうも知的なのかということだ。

当時私が読み耽《ふけ》っていたサルトルもフーコーもジャック・リヴィエールも驚くほど知的だ。理路整然と現状を分析し、論を深めていく。日本の作家や評論家、それどころか、英米の知識人と比べても、その知性には舌を巻くしかなかった。

いや、作家ばかりか私の接するフランス人たち、たとえば大学のフランス人教師も、何かを質問すると、「君の質問は三つの誤解に基づいている。第一の誤解、それは――」「そこには、問題点が二つある。歴史的に見ると――」などとすらすら答える。

「いったい、ここにはどんな秘密があるんだろう」とぼんやりと考えていた。

そうしたころ、私は初めて二ヶ月ほどフランスに行く機会を得た。かれこれ二五年ほど前のことだ。もちろんフランス人の思考の秘密を探りに行こうと思ったわけではない。ただ憧れのフランスに触れたいという、それだけの気持ちだった。

一フランが六五円する時代の一人旅だったので、苦労の連続だった。とんでもない貧乏旅行で、食うものも食えず、昼食はパン一個、夕食はオレンジ二個ですませた。ユーレルパスのおかげで列車は乗り放題だったので、ホテル代をケチって、一〇〇キロ先の都市に行くにも、わざわざ夜行列車で夜を過ごしてオーストリアやドイツの都市に行き、また夜行列車で戻ってくる、というような悲惨な旅行だった。疲れきって建物の階段に座り込んでいると、物乞いと間違われてコインを恵んでもらうという経験もした。

そうした中、私はだんだんとフランス人の知性の秘密をつかんだ気になったのだ。

私が発見したことをまとめると、三つある。一つは、「欧米人、とりわけフランス人は、二項対立で物事を分析する」ということだった。第二は、「欧米人、とりわけフランス人は、『型』で考える」ということ。第三は、「欧米人、とりわけフランス人は、背伸びして考える」ということだった。そして、この三つの要素が、欧米人の知的で論理的な思考を成り立たせていると気づいたのだ。

だが、先を急がず、一つずつ順を追って説明しよう。

■フランスのトイレの秘密

フランスに行って、最初に私が気づいたのは、フランスは、「2」から成る社会だということだった。

レストランに入る。私のような一人客はいないに等しい。家族連れも見かけない。セルフサービスの店を除いて、まともなレストランでは、基本的に男女のカップルで食事している。道を歩いているのも、男女二人連れが大半だ。ホテルに行く。シングルの値段とツインやダブルに二人で泊まる値段の差がほとんどない。シングル四〇フラン、ダブル四五フランだったりする。時には、一人で泊まろうと二人で泊まろうと、値段は同じというところもある。

ほかにも、いくつか不思議なことにぶつかった。

トイレもシャワーもない安い部屋には、ふつう剝き出しで洗面台がある。ところが、その横に見慣れないものがあった。便器のような形をしている。どんなホテルに泊まっても、それがある。しばらくたって、それが話に聞いたことのあるビデだと知った。それまで私はビデというのは女性専用だと思っていたが、そうではなく、どうもこれは下半身洗いという面があるらしい。女人禁制だという知人の部屋に行ってもビデがある。

地下鉄の駅も日本人からすると、不思議だった。地下鉄に乗って、そろそろ降りる駅かなと窓からホームを見るが、次の駅名が書かれていない。もちろん、その駅の名称は出ている。だが、日本人にしてみれば、その前と次の駅名が出ているほうが便利だと思うのだが、それがない。車内の路線図を見て、やっと次の駅がわかる。地下鉄でなく、遠距離列車に乗っても、同じ仕組みだ。

もっと不思議だったのはカフェだ。

公衆便所のほとんどないフランスでは、貧乏学生の私がカフェに入るのは、便意をもよおしたときに限られていた。あわててカフェに入る。トイレを探す。ところが、トイレはなぜか決まって地下の、しかも公衆電話の隣にある。ほとんどのカフェやレストランでそういう作りになっている。

あるとき私は、カフェの便器にしゃがみながら、いったいなぜどこもかしこも公衆電話とトイレが隣接する作りになっているのか、いや、そもそもなぜホテルにビデがあるのか、なぜ駅のホームに次の駅名を書かないのかを不思議に思っていた。

そして、ふと気づいた。

カフェは飲み物を飲みながらおしゃべりを楽しむところだ。ところが、フランス人は顕在的なものを思い浮かべたら、必ず潜在的なものを意識するのではあるまいか。だから、「飲む」という行為を考えると、潜在的な行為である「排出する」という行為を思い浮かべる。「目の前にいる人と話をする」という顕在的な行為を想定すると、「目の前にいない人と話をする」という潜在的行為を思い描く。

フランス人の頭の中では、「飲みながらおしゃべりする」という顕在的な行為と「排出しながら、目の前にいない人とおしゃべりする」という潜在的行為が対になって結びついているのだ。だから、トイレの横に公衆電話を作る。本当を言えば、「飲みながら、おしゃべりする」

に対応させて、「出しながら、電話をする」というのが理想なのだろうが、そうもいかないので、隣り合わせにしたのだろう。

このように、フランス人は様々なことを、対にして考える。そして、顕在的な面、プラス面、肯定面、現象として現れている面を思い浮かべると、必ず、潜在的な面、マイナス面、否定面、現象として現れていない面を想定すると言えるのではないのか。

■二項対立思考

そう考えると、フランスで不思議に思っていたそのほかのことも納得がいく。

なぜ洗面台のそばにビデがあるのか。洗面台が人間の顕在的な部分、つまり目に見える部分を洗うものであるのに対し、目に見えない隠れた部分、つまり下半身を洗うのがビデだったからではないのか。これも、「顕在・潜在」ということで説明がつく。

駅名も同じだ。日本人は連続性を考える。東京の山手線を例にとると、代々木・新宿・新大久保・高田馬場と連続していると考える。だから、山手線の新宿駅のホームには、新宿という駅名とともに、代々木と新大久保の駅名が書かれている。ところが、フランス人は、そのような連続を考えない。顕在（すなわち、目の前にある駅）と、潜在（すなわち、目の前にない駅）の対立として捉える。だから、前の駅や次の駅を書かない。

フランス人、いや、もっと広く考えて欧米人は、「二項対立」でものを考えるとよく言われる。「魂と肉体」「人と自然」「真実と虚偽」「人と動物」「生と死」「有と無」を真っ二つに分けて考える。だから、欧米人は自然を人間と対立するものと認識し、自然破壊をすることになった、というように、しばしば説明される。

カフェのトイレもホテルのビデもホームの駅名も、そうした二項対立の現れと言っていいだろう。このような日常生活の、しかもかなり無意識の部分にまで、二項対立思考が行き渡っているのだ。

フランス人の頭の中では、「顕在・潜在」が頑として存在するのではあるまいか。「顕在・潜在」とは、ある現象が現れているか、現れていないかだ。言い換えれば、ある現象の有無であり、イエス・ノーだ。

フランス人は何かを考えるとき、連続的に考えるのではなく、二項対立として、そして顕在・潜在として分けて考える。それが日常生活の中にまで浸透しているのではないか。日常の様々な出来事の背後に、二項対立があるのだ。顕在があると、潜在を想定する。イエスがあるとノー、真実があると偽りがあるというように考える。現象の背後に、そのような二項対立を想定する。だから、論理的、分析的に考える。

それが、フランス人の「知性」の秘密だとわかった気がしたのだ。

■二項対立こそ、論理の原型である

言うまでもなく、論理的で科学的思考の基本は、主体と客体、すなわち観察する自分と対象とを明確に分けることだ。そうすることによって、人間は対象を自分から引き離して客観的に観察できるようになった。たとえ、自分の仲間であっても、たとえ自分自身の肉体であっても、あるいは自分の内面であっても、それを一つの客体とみなして、観察できるようになった。

しかも、対象がある要素をもっているかもっていないかという二項対立を明確にすることによって、物事と物事の差異をきちんと認識するようになった。たとえば、猿と人間の違いを、様々な項目に分けて、ある要素をもっているかどうかを判断する。そうすることによって猿と人間の違いを体系的に捉えることができる。

つまり、二項対立によって人間は意味の網目を手に入れたわけだ。こうして、現象を分析し、ある命題が真であるか偽であるかという判断もできるようになり、それを好ましいとみなすか否か、という意見をもつこともできるようになった。

そもそも、物事を二つにきっぱり分けて考えることによって、分析ができる。ある要素が存在するか存在しないか、真であるか偽であるか、好ましいか好ましくないかを明確にすることによって、現象を分析できる。「分析」とは、「ある物事を分解して、それを成立させている成分・要素・側面を明らかにすること」（広辞苑）なのであって、要素を分けて思考することを前提にしている。

それればかりではない。顕在・潜在、イエス・ノーを対置することによって、物事を一方的に見ないようになる。ある見方があれば、別の見方がある、賛成意見があれば、反対意見がある、あることを好む人間がいれば、好まない人間もいるということが明確になる。そして、ある意見を考えると、別の意見の存在を前提とし、それを考慮するようになる。

こうして、様々な二項対立によって、人間は分析し、厳密に思考し、自分の意見をもてるようになり、また多様な意見を考えるようになったのだ。

しかも、二項対立を思考の原型にすることによって、自他の区別も明確になる。言い換えれば、自分は自分、他人は他人という個人主義的な意識が強まる。日本人のように、自他の区別を曖昧にして、他人を思いやったり、他人の世界に入り込んだりしない。そして、多様な価値観を認められるようになる。一つの考え方だけでなく、別の考え方がある、別の価値観があるという認識をもてるようになる。

二項対立に基づかない思考では、そんなわけにはいかない。

二項対立に基づかない東洋的な思考を行う典型として、禅がある。禅の精神とは、鈴木大拙の『禅仏教入門』（鈴木大拙禅選集・春秋社）によれば、イエス・ノー、肯定・否定という二元性（二項対立）に基づかない精神のことだ。

だが、そうなると、対象を自分と明確に区別しないことになる。座禅がその典型と言えるだろう。私は門外漢なので詳しいことはわからないが、座禅というのは、おそらく自分と対象という意識をなくし、自分を対象と同一化して、自分をなくす行為なのではあるまいか。

東洋の思想、とりわけ日本の思想は、多かれ少なかれ、根本にこの禅的な思想があると言っていいだろう。物事を二項対立で捉えない。人と自然は対立しているとは考えない。人は自然に囲まれている、人は他の生き物と連続した存在と捉える。生と死、自分と他者、イエスとノーも連続したものと考えている。対象を愛するということは、対象と合体することを意味する。

もちろん、東洋思想の中には、多くの人間をひきつけるだけの哲学的魅力がある。いや、それどころか、欧米思想では捉えきれない真実がこの中にあると、私自身も考えている。だが、このような、対象と一体化した思考で、物事を厳密に分析し、解明し、観察することは難しい。論理的に考えることができるとは思えない。それこそ、理解不能な「禅問答」になってしまうことは目に見えている。

対象と一体となると、対象を客観的に把握できない。観察もできない。二元的に思考しないので、肯定と否定を対置しない。そうすると、議論もできない。他者と同じような意見をもとうとするばかりで、自己主張もできない。分析も判断もできないことになる。

二項対立的思考が論理の基本であり、それなしには、論理的思考ができるはずがないというのは、否定できない事実なのだ。

■フランス人の型思考

私がフランスで気づいた二つ目の知性の秘密は、フランス人のしゃべり方に関することだ。

先ほども書いたとおり、私はフランス人の「君の質問は三つの誤解に基づいている。第一の誤解、それは――」といったしゃべり方に圧倒されていたのだが、フランスに行って、何度かおかしな場面に遭遇した。

日本にいる間、私が出会うフランス人は、インテリたちだった。だから、「理由は三つある」といったら、そのあと、説得力のある理由が三つ示された。ところが、フランスに行ってみると、とりわけインテリでもない人でも、「理由は三つある。第一に――」といった話し方をする。ところが、「理由は三つある」と言いながら、理由が二つしかない場合や四つある場合に何度も出くわした。初めは、こちらのフランス語の聞き取り能力が欠けているために、相手の言葉を理解できずにいるのだろうと思っていたが、どうもそうではないらしい。

「○○の面からすると賛成だが、△△の面からすると反対だ」と言いながら、○○の面も△△の面も賛成であることが少なくない。威勢よく、「歴史的観点からすると、それはノンだ」と言い出したものの、しどろもどろになって、歴史的観点について少しも言わないようなこともある。

それで気がついた。

どうやらフランスの人たちは、頭の中に自分の論ができあがってから、そのように口にしているわけではなさそうなのだ。言い換えれば、ほとんど「くせ」として、「理由は三つある」「〇〇の面からすると賛成だが、△△の面からすると反対だ」などと言っているにすぎないのだ。そして、そう言ったあとで、必死になって三つの理由や〇〇の面や△△の面の根拠を考えているのだ。つまり、「理由は三つある」「〇〇の面からすると賛成だが、△△の面からすると反対だ」などの「型」があって、それにあてはめて話をしているにすぎないのだ。

知識人たちも、このような「型」が頭に刷り込まれており、それを用いて思考しているのだろう。おそらく、知識人の用いる論理パターンというものが存在し、その「型」のなかで思考しているのだ。だから、無駄なく緻密に思考できるのだ。言われてみれば、リヴィエールの論理展開もサルトルの論理展開も似たところがある。そしてそれは、子どものころから数学の証明問題のように叩き込まれてきた論理形式なのだろう。

おそらく、フランスの人々は学校でこのような口調を身につける訓練を受け、論理的に思考する「くせ」をつけているわけだ。だから、知的に見える。いや、見えるだけでなく、現に論理的に思考できているのだ。

■型思考の意味

型思考もまた、知的であるために大きな意味をもっている。

気分によって、考えるべきことを考えなかったり、余計なことを考えたりするのでなく、きちんと手順を守り、遺漏なく考えるべきことを考え、妥当な結論を導き出すのが、論理的に思考するということだ。そのためには、「型」が有効だ。「型」という手順に沿って考えることによって、論理を守ることができる。

もちろん、「型」を守りさえすれば論理的になるわけではない。論理矛盾や飛躍が生じることはある。だが、少なくとも、論理的に考えるための一つの要素を満たすことにはなる。その意味で、「型」を守ることは、論理的に思考するためには、きわめて有効だと言えるだろう。

しかも、その形式を守って思考すれば、論理的に思考することができるだけでなく、自分らしく考えることができる。もっとはっきり言えば、「型」を守ってさえいれば、かなり個性的なことを考えても、客観性を保てるということだ。

「型」を守ると、没個性になると思われがちだが、私はむしろ逆だと考える。個性的なことを考えると、どうしても論理を逸脱し、辻褄《つじつま》が合わなくなり、主観的になっていく。だが、「型」

を守って手順を重視すると、そうしたことからまぬがれる。安心して個性的なことを織り込むことができる。その思考は客観性をもつことになる。

モーツァルトは三五年の生涯に六二六曲を書いた。その中には三時間を超すオペラやレクイエムをはじめとする宗教曲などの大作、三〇分前後かかるオーケストラのための交響曲や協奏曲が多数含まれる。『ドン・ジョヴァンニ』序曲を一晩で、しかもビリヤードで遊びながら書いたという有名な逸話がある。

いや、モーツァルトに限らない。ヴィヴァルディもバッハもハイドンも驚異的な数の曲を書いている。彼らが、これほど多数の曲を書けたのは、言うまでもなく、「型」があったからだ。この作曲家たちが、「型」を利用したからだ。「型」を利用して、破綻することなく、次々と名曲を作曲できた。聴衆も「型」があったから、安心して音楽を楽しめた。

作曲家は、「型」――すなわち様式の中に自分の才能をはめ込もうとした。もし「型」がなかったら、モーツァルトは、悪魔から与えられたとしか思えないような驚くべき才能をもて余し、うまく表現できなかったのではあるまいか。おどろおどろしい個性、誰からも理解してもらえないような才能、そうしたものが、「型」を守ることによって、誰にも理解できるような音楽として提出されたのだ。

ときには、その「型」からはみ出し、それを崩し、新しい「型」を作った。だがそうであっても、「型」を応用したことに違いはない。「型」がまったくなかったら、あるいは初めから「型」を無視していたら、「型」をはみ出すこともなかったのだ。「型」を崩し、それからはみ出すということも含めて、「型」を自分のものにするということなのだ。

そもそも、能力のあるものが個性を発揮するのは、ある程度「型」を押しつけられて、それに反発するときではないだろうか。初めから自由にされたのでは、何も身につかない。アカデミックな考え方を知り、それを身につける。だが、だんだんとその形式では窮屈になってくる。そうして、新しい「型」、新しい個性が生まれる。「型」を押しつけられてつぶれるような個性であれば、そんな個性はすぐにつぶされていくだろう。アカデミズムという壁にぶち当たり、それを乗り越えてこそ、強い個性が生まれてくる。ベートーヴェン以降の作曲家たちが独自の音楽を作り出していったのは、古典派の規範があり、それをときに応用し、ときに違反して、自分の個性を強靭なものにしていったからなのだ。

いずれにせよ、「型」を応用することで、論理的に思考でき、しかも個性を鍛えることができるのだ。

■背伸び思考

もう一つのフランス人の思考の秘密、それは、背伸びして相手に自分を大きく見せようとする精神だ。

　欧米人全般に言えることだと思うが、彼らはわからないことでも「知らない」とは言わない。聞かれたら、たとえろくに知らないことであっても、まるで昔から考えてきたことであるかのように、堂々と語る。道を聞かれても、「あっちだ」と自信をもって答える。言われたとおりに行ってみると、まるで逆だったということがよくある。これは、欧米を訪れた日本人の多くが語る経験談なので、きっと欧米では日常的なのだろう。

　こんなことがあった。私はイタリアのナポリを訪れた。着いてすぐ、いろいろと乗り継いで、まずは絶景が望めるというヴォメロの丘に行った。ところが、評判どおりの絶景を楽しんだ後、ホテルに戻ろうとして街を歩くうち方向がつかめなくなった。とりあえずカフェで一息してから、中央駅に行くにはどこで何番のバスに乗ればよいのかをボーイに尋ねてみた。ボーイは快く教えてくれた。

　ところが、横にいた客がそれに文句をつけるではないか。そうこうするうち、別の客が口をはさみ、結局カフェ全体で二、三〇人の客がわいわいがやがやと議論を始めた。言葉がわからないので、細かいところは不明だが、結局、ああだこうだと議論した末、「あそこのバス停で一一番のバスに乗れば中央駅に行く」という結論になった。私は長時間待ってそのバスに乗った。ところが、それは、まったく方向違いで、中央駅には行かなかった。言葉もわからず、土地勘もない私としては、方向違いのところでバスを降ろされて、泣く泣くタクシーを使うしかなかった。

おしゃべりで有名なイタリア人なのでとりわけあけっぴろげな議論になったのだろうが、あとで考えると、これこそ欧米の人たちの典型的なあり方だろう。知らないとは言わない。物怖じせずに話し掛ける。議論をする。間違った結論であっても、断固として主張する。

日本と欧米の大学の授業風景の違いも、よく指摘される。

日本人学生は大学の教室などでも、まず発言しない。外国人講師が質問しても、学生たちは講師と目が合わないようにおとなしくしている。当てられて英語やフランス語をしゃべろうとしても、文法的に正しいかどうか自信がないので、小声で言う。聞き返されると、ますます自信がなくなってしまう。かく言う私もその一人で、外国語を勉強しながら、会話は大の苦手だ。しかも、ときどき活発な学生がいると、日本人は目立ちたがりとしてその人を排斥しようとする。

ところが、日本以外の国の人々、とりわけ欧米の人は、ろくに外国語を話せなくても、めちゃくちゃな文法であっても、何かを言おうとする。

そして、やたらと背伸びをして、自分を知的に見せようとする。先ほど指摘した型思考もその現れだと思うが、誰もが一見、頭のよさそうな話し方をする。日本人のように、「私が言うのも僭越ですが」「私はそのようなことを考えたこともないので、的外れかもしれませんが」などとは、絶対に言わない。むしろ、哲学者の名前、作家の名前、有名な詩の一部分を引用して、知識をひけらかそうとする。どしどしと自分の知識を見せる。自分を売り込もうとする。

思考するというのは、言い換えれば、自己主張するということだ。ほかの人と違う考えをもち、別の考えをもつ人を言い負かそうとする。そのために、論理的に思考する。自分はほかの人よりも優れている、ほかの人よりも知的だということを見せようとする。ほかの人よりも優れた自分を売り込もうとする。だから、知的になる。

いや、そもそも、個性というのも、実は目立ちたがる精神によってできているのではないか。目立ちたがって、自分を表に押し出すことによって、ほかの人と違う自分を作っていく。目立とうとせず、人の陰に隠れていると、いつまでも個性は育たず、みんなと同じであることに満足する人間しか生まれない。

もし、目立ちたいという精神がなかったら、先にあげたバッハもモーツァルトもベートーヴェンも存在しえなかっただろう。バッハの『トッカータとフーガ　ニ短調』も、モーツァルトの『魔笛』の中の『夜の女王のアリア』も、ベートーヴェンのいわゆる『運命』も、大向こうをうならせてやろうという意識が見える。いや、聴衆への媚《こび》のかけらもないバッハの無伴奏チェロ組曲の中にも、モーツァルトのクラリネット五重奏曲の中にも、ベートーヴェンの後期弦楽四重奏曲の中にも、一見平穏な日常にいる人間を揺り動かそうという意識があるだろう。だからこそ、それまでの音楽とまったく違った、人の心をひきつける音楽になっている。私に言わせれば、大作曲家が凡百の他の作曲家たちと違うのは、自分の強烈な個性を積極的に表に出して、ほかと違う自分を押し出そうとしたからなのだ。

知的であることを人前で見せて目立とうとし、知性を評価されるように振舞ってこそ、本当に知的になる。それなしには、知性をもてるようにならないのではなかろうか。

■日本人は論理的ではない

日本人は論理性が不足している、とよく言われる。

もちろん、このような意見には、日本人の一人として反発を感じざるをえない。欧米には欧米の論理がある。日本には日本の論理がある。日本の論理が欧米から見て論理的でないのは当然だ。「日本人は論理力不足だ」とは、「日本人は欧米の論理を用いていない」ということであり、つまりは「日本は欧米でない」ということでしかない。そもそも、日本語が言語として立派に通用し、日本文化という独自の文化がある以上、日本人が非論理的なはずはない。

とはいえ、私は日本人は論理的だと胸を張る気にはなれない。

先ほど書いたとおり、フランス人講師の講義も欧米の作家たちの著書も理詰めでわかりやすい。高度な内容のものであっても、論理的に突き詰めて読んでいくと、だんだんと理解できるようになっていく。いや、文章を書くという生業に従事している人だけではない。欧米の芸術家も政治家も実に論理的にわかりやすく話をする。ときには、その論理性の中にユーモアがあり、皮肉がある。過去の政治家や作家の引用までもが入ってくる。わかりやすいだけではない。論理的に深く分析し、社会のあり方、人間のあり方をえぐってくれる。

それに比べて、日本人の著作の論理性不足は目を覆わんばかりだ。非論理性が文学性、あるいは高度な思考の別名と誤解されているフシさえある。有名評論家の文章の中にも、話がどんどんとずれていくもの、しっかりした裏づけをしないまま決めつけるものなど、たくさんある。しかも、語る内容が論理的に筋道がたっていて、現実に肉薄していくようなものは少ない。日本の政治家の演説が意味不明だとよく非難されるが、それも当然だと納得する。所信表明演説などを丁寧に読んでみると、その論理性のお粗末さに、日本の将来を悲観したくなってくる。

現代社会では、理性的に生きることが求められている。自分の行動を他者にきちんと説明し、他者を説得する必要がある。また、自分たちで理性的に社会を築き、議論し、自分たちの力で社会を運営することが求められている。社会を分析し、商品を開発し、問題点を把握して解決することが必要だ。そのためには、論理性が不可欠だ。

しかも、現在はグローバル社会。日本国内で閉じこもって生きることはできない。そんな社会に、伝統的な東洋の思考法が有効とは思えない。日本人ももっと欧米の論理を身につける必要があると、私は考える。現代社会に旧来の日本の論理を貫くほうが不自然だ。欧米の論理を消化し、その上で新しい日本の論理を築いてこそ、将来に通じ、世界に通じる日本文化になりうる。

つまり、私は、「日本人は論理的でない」というのはある意味で正しい意見であり、日本の論理が欧米から見て論理的ではないということは、これからの日本文化の発展にとって、そして、日本と世界各国の相互理解にとって、ゆゆしきことだと考えるのだ。

日本は明治以降、そしてとりわけ太平洋戦争後、様々な制度や文化を欧米から取り入れてきた。そして、価値観、考え方に到るまで、かなりの面で欧米化した。が、肝心の思考力、論理性については、まだ日本人は十分に近代化されていないと言っていいだろう。

■日本人が非論理的である理由

では、今では、日本人はかなり欧米化した生活をしているのに、なぜ、今に到るまで欧米の論理を受け入れられずにいるのだろうか。

もちろん、長い間の詰め込み式の教育や、排他性の弱い神道や仏教を信仰していたという歴史なども背景にあるだろう。だが、何よりも、これまで述べてきた二項対立的な思考と型思考、そして、背伸び思考の欠如が大きいと、私は考えている。

日本人は二項対立で考えないから曖昧になる。イエス・ノーも曖昧で、マルバツでは決められないのが人間社会だと考えている。自分と他者も明確に区別しない。話相手に対して、「われ」という一人称で呼んだり、子どもに対して「ボク」と呼びかけたりするのも、そうした傾向の現れだろう。

しかも、戦後、日本の教育界では、「型」に当てはめることが、個性を壊すとして、何よりも嫌われてきた。作文でも絵でも、どのように書くかは指導されず、「考えていることを自由に書きなさい」「ありのままに書けば、それでよい」とされてきた。そうして、どのように書くかの指導もろくにしないまま、読書感想文を書かせて、本嫌いや作文嫌いを大量に生産してきた。

もちろん、戦前のような、闇雲に暗唱させる教育や、規範を守らせるだけの指導では、独創的な知性は生まれないだろう。到達点としての、模範としての「型」を重視し、模範に少しでも近づくことを理想としたのでは、どうしても個性軽視になり、同一のものを再生産することになる。だが、私の言う「型」とは、出発点としての、組み立ての基準になる「型」だ。それを目的とするわけではない。このような「型」は決して、個性的な思考の妨げにはならない。

そして、もう一つ、日本人が遠慮深さを貴び、人前で知性を示すのをぶしつけだ、あるいは、はしたないと思ってきたことも、日本に独創的知性が育ちにくかった原因だろう。

今では、多くの人が、個性を重視する。個性を発揮することが大事だということを否定する人は少ない。学校の先生たちも、個性重視をことあるごとに口にする。ところが、教育者たちは、個性を口で称揚しながら、目立ちたがることを不純として嫌い、控えめで、みんなと同じでよいと考えている子どもをかわいがる。それでは、知性も個性も育ちようがない。

それでも、私が学生だったころには、多くの若者がわかりもしないのにマルクスの『資本論』を読もうとしてみたり、サルトルや埴谷雄高の本をもち歩いたりしたものだが、最近では、そのような傾向もない。背伸びして難しいものを読んだり、専門書が理解できるふりをしようとしない。むしろ、それはもっとも下品なこととされている。知的な見栄を張ることが、みっともないこととされている。

もちろん、控えめな日本人の美質は尊重するべきだ。しかし、限度内で自分の知性を高く見せ、自分を売り込もうとする行為は大目に見るべきだろう。いや、それどころか奨励するべきだろう。そうすることによってこそ、向上心が生まれる。他者に対して知的に振舞うようになる。個性も生まれる。

日本は、これまで、口では知的であるべきだ、論理的であるべきだ、独創性を身につけるべきだと言いながら、それに反することばかりをしてきた。日本人を知的にするための土壌を作ってこなかったと言えるだろう。

■「見せかけ」の勧め

では、もっと論理性を身につけるために、日本人はどうすればよいのか。私は手っ取り早い方法として、二項対立思考と型思考と背伸び思考という欧米人の思考法をとりあえずまねて、人前で「知的に見せる」ことだと考える。もっとはっきり言えば、知的に見えるように振舞うことだ。

まずは欧米の論理を見習って、違いを把握し、二項対立を明確にする。イエス・ノーをはっきりと答え、物事を二項対立に分けて思考する。同時に、欧米人の口調もまねて型思考をしてみる。「理由は三つある。第一に——」といった口ぐせをまね、一見知的に見せる。そして、友人や会社、家庭の人々の前で背伸びをし、自分が知的だということをアピールするように努力するわけだ。

こう言うと、多くの方が反対するに違いない。まず、「日本人が欧米人のまねをする必要はない。何でも欧米を手本にするのは、欧米かぶれのすることだ」と感じる人が多いだろう。

だが、思考法だけ欧米人のまねをしたところで、日本人の心を失うことはないと、私は確信している。日本はすでに豊かな文化をもっている。文化弱小国ではない。日本人が心の底から欧米かぶれになることなどありえない。明治時代でさえ、日本は欧米から文化を学びながら、必要なところは欧米を手本にし、それ以外は日本人らしさを守った。これからも、思考法だけまねをすることによって、徐々に、日本人の思考は論理的になるに違いないのだ。そして、日本人は欧米的な論理性を身につけながらも、必要のない部分は上手に加工して、時代に即した思考法を手に入れるだろう。

もう一つ、私の提言に対して、「表面だけまねて、知的に見せたところで、本当に知的になるわけではない。本当に知的になるためには、しっかりしたホンモノの思考力を身につけるべきであって、知的に見せかけようなどもっとも唾棄すべきことだ。人間、外見よりも内面が大事だから、心を磨け」と反論する人も多いだろう。

もちろん、そのように言う人の気持ちは私にもよくわかる。外見ばかり気にするのは、人間としてさもしいかぎりだ。

だが、私は、「表面でなく、ホンモノの思考力を身につけるべきだ。内面を磨くべきだ」という言い方に、かなりの疑問を感じる。どこに「ホンモノの思考力」があるのか、どこに「内面」があると言うのか、形のない「内面」や「心」を、まるでツボや茶器を磨くように、どうやって磨けると言うのか。

外に現れないものはないに等しい。内面は外に現れてこそ、意味がある。いや、もっと正確に言えば、外に現れてこそ、内面は存在するのだ。外に現れるから、人々は、内面に見えない力が潜んでいると仮定するにすぎない。内面があるから外面があるのではない。内面と外面はつながっている。

内面を充実させようと思うのなら、具体的には外面を磨くしかないはずだ。外面を磨くことによって内面が充実してくる。したがって、内面を磨くことを教えるのなら、その具体的方法として、外面を磨く方法を教えるべきなのだ。

外面を磨くことを否定して内面のみを磨くように教えるということは、単に抽象的な精神論の説教にしかならない。日本人を引っ込み思案にし、外国人に理解してもらえなくしているのは、このような外面性を否定する態度だと言ってもいいだろう。

他者に評価され、「あの人は知的だ」「あの人は思考力がある」と思われるようになってこそ、本当に知的になり、思考力がつく。他者の評価がなければ、自分の思考力に自信がもてない。人に評価され、感心されて、自分の思考力に自信をもてば、もっと思考力をつけることができる。もし、誰にも評価されることを求めず、一人で思考力を磨こうとしても、そもそも長続きするはずがない。人から評価され、うれしくなってもっと思考力を伸ばそうとする。もっと感心してもらえるようなことを言おうとする。そうすることによって、ホンモノの思考力が養われる。しかも、こう考えることで、誰でも知的になる努力をすることができる。

もし、目に見えない力を養うとなると、具体的にどうすればよいのかわからない。思考力を高めるといっても、目に見える指標がなく、どのくらい力がついたのかわからない。

だが、外見をまねることなら、誰でもできる。努力しやすい。達成度もすぐにわかる。そして、外面をまねするうちに、徐々にホンモノの思考力がついてくる。

そんなわけで、次章以降、二項対立で思索し、型思考を用いて、考えを他者に伝え、背伸び思考で他者にアピールする方法を説明しようと思う。

第二章　二項対立で考えを練る

■問題発見能力が求められている

これからの社会では独創性が必要だと言われる。工業力では、人件費も土地代も運賃も安い中国などに太刀打ちできない。これからの日本が生き抜く道は、次々と新しい技術を開発し、新しい文化をリードしていくしかない。そのためにも、独創性は不可欠だ。これまでとは違った技術、文化を作り出す必要がある。

では、それはどうやって作り出せるか。問題発見能力による。

物事を考えるのは、問題点を見つけ出すところから始まっている。いや、それどころか、問題点を見つけ出したときには、すでにあらかた解決の目途がたっていると言っても言い過ぎではないだろう。

みんなが議論していることについて自分の意見を加えることも、もちろん大事だ。防衛問題、ゆとり教育問題、グローバル化にかかわる問題、そして、それ以上に、もっと身近な、自分の所属する組織の抱える問題など、自分の意見を明確にしておくべきことはたくさんある。自分の会社の弱点を見つけ、立て直す方法などについて、考えておくべきではある。

問われていることにきちんと答えることも大事だ。そうすることによって、知的と見られ、論理的に見える。上司に何かを問われたとき、即座に答えることは、知性をアピールするには絶対に必要なことだ。

だが、実を言えば、人に与えられた問題だけを考えていたのでは、いつまでたっても独創的な着眼点を見つけることは難しい。与えられた問題について考えるということは、半ば以上を、他者に考えてもらったことを意味する。スタートラインを定められ、それに乗っかって走っているにすぎない。そこから、独創的な発想が生まれることは少ない。

人が当たり前と思っていること、何も気づかずに通り過ぎるようなこと、もう慣れきったために誰も不思議に思わなくなっていることにも、実は、おかしなことがたくさんある。それを疑問に感じ、その理由を考える。そうすれば、これまでとは違った視点から、物事を見ることができる。

そうすることによって、独創性をアピールできる。それ以前に、ユニークでおもしろい人と見てもらえる。そして、そこに鋭い指摘があれば、思考力をアピールできる。

新しい発見、新しい発想、それらは、みんながこれまで当たり前と思っていたことを疑問視し、新しい角度から見なおした結果によると言っていいはずだ。

コペルニクスの地動説など、まさしく、見慣れていた光景をまったく逆の視点から読み取った例と言っていいだろう。

それほど世界史的でなくても、もっと身近な例がたくさんある。

故伊丹十三監督の処女作、映画『お葬式』も、それまで映画の題材になるとは誰も思わなかった葬式を、別の角度から見てドラマ仕立てにしたものだった。だから、新鮮なショックを映画界に与え、ヒットにつながったわけだ。伊丹監督の映画のほとんどが、あまりに日常すぎて誰も光を当てなかったテーマに光を当てて、ドラマにしたものだった。

ひところ大流行だった「たまごっち」も、ペット・ロボットも、それまでそんなものが必要とされているはずがないという常識を否定し、他人と違う角度から物事を見た結果、生まれたものと言っていいだろう。ホンダやソニーが世界進出を果たしたのも、それまで大きいことが良いこととされていた常識を真っ向から否定して、小さくて性能の良い製品を作ろうとしたためなのだ。そもそも、芸術作品も商品も、他人と違った見方をしたところから生まれたものを、新しいものと呼ぶわけだ。

では、どのようにして、問題を発見できるのか。先にあげた発想はどれも天才的に見えるが、それほど常人からかけ離れた発想ではない。

一言で言えば、現状に「ノー」と言えばよいのだ。見慣れた光景を無条件に受け入れるのではなく、もっと別の考え方、もっと別の見方を探すということは、現状に「ノー」と発することにほかならない。口に出す前に、少しの間しっかり考え、現状にノーと言ってみること。それが独創的な思考の第一歩と言えるだろう。

■問題発見能力とは、ノーと言うこと

あらゆることにノーがある。イエスに決まっているということはない。第一章で述べたように、顕在があれば、潜在がある。イエスがあれば、ノーがある。ある出来事が起こっているとしたら、まだ起こっていない反対の出来事があるはずだ。ある意見があるとすれば、それに反対の意見があるはずだ。そう考えることによって、現在の出来事を絶対視しないですむ。

もちろん、自然現象そのものには、ノーはありえない。自然法則を否定することはできない。だが、人が自然を認識する段になると、そこに解釈が含まれる。したがって、ノーが生じてくる。かつての人間は、自然を見て太陽が動いていると解釈していた。だが、コペルニクスによって、それは否定された。同じように現在の科学で自明の理とされていることも、将来、否定されることはたくさんあるだろう。いや、そもそも、すべての学問は、それ以前の常識に対してノーと宣言するものだと言って間違いない。

ノーという視点が生まれないと、停滞する。現状にノーを突きつけることによって、新しい展望が見えてくる。もっと言えば、ノーという言葉によって、発展する。

物事にノーを突きつけて、「現状はおかしい。改めるべきではないか」というイエス・ノーの二項対立の形にすることが、問題発見能力と言っていいだろう。

みんなが当たり前と思っていること、今さら疑いを抱かなくなっていることにも、おかしなことがたくさんある。それを見つけるわけだ。たとえばみんなに親しまれている野球にも、おかしなところがたくさんある。それにノーと言ってみる。

「巨人・阪神戦」、あるいは「巨神戦」という表現をとってみよう。もう誰も怪しまなくなっているが、考えてみると、これはおかしな表現だ。「巨人・阪神」というのは、もちろん、「読売ジャイアンツと阪神タイガース」の意味だ。だが、もしそうだとすると、「読売・阪神戦」とか「ジャイアンツ・タイガース戦」と言うべきではなかろうか。なぜ、読売ジャイアンツだけ、ニックネームを日本語に訳して「巨人」と呼ぶのか。「巨人」という言葉をどうしても使いたいというのなら、「巨人・虎戦」「虎・燕戦」などと言うべきだろう。

ルールにもおかしなところが多い。

たとえば、ストライクは三つでアウト、ボールは四つでフォアボールになって一塁に進めるというルール。誰もが疑問なく、そのルールを受け入れ、当たり前のこととしている。だが、考えてみると、不思議なことだ。なぜ、公平に両方とも三にしないのか。そのほうが、わかりやすいし、合理的だ。

私がこのように疑問を口にすると、多くの人は「ストライクはストライクゾーンに入りにくいので三つにしている」と答える。だが、よく考えてみると、それでは納得いかない。ストライクが入りにくければ、ストライクゾーンを広げればすむことだ。ほんの少しストライクゾーンをいじるだけで、ストライクが入りやすくできるだろう。

ところが、そう答えると、「ストライクゾーンが広がると、バッターに不利で、点がとりにくくなる」という反論が出る。だが、それもおかしな話だ。点が入りにくいというのなら、守備の人数を減らして、たとえば、ショートとセンターをなくせばよいではないか。そうすれば、もっとヒットが増え、点が入るだろう。

どう考えても、ストライクは三つでアウト、ボールは四つで一塁へというのは、かなり不思議なルールだと言っていいだろう。

このように、おかしなことは、周りに転がっている。そうしたことを考えることで、ときに様々な問題が見えてくる。

少なくとも、雑談などで、そのような疑問を口にすることによって、会話も活気づく。ユニークな視点を感心してもらえるだろう。少なくとも、おもしろい人という評価が得られるに違いない。

■問題を見つけ出すためのコツ

では、どうやって、ノーの視点を見つけ出すか。

現状を肯定せず、今の状況を過渡的だと考えることだ。現状に満足して生きるというのは、ある意味で人間の理想だ。現状に不満をもつということは、常に満たされないということであって、決して勧められる生き方ではない。だが、新しい発想を見つけ出そうとするのなら、現状に満足してはいけない。昔はひどかったが、今はすべてが良くなった、などと思っていたら、独自の発想は出てこない。これからいくらでも工夫の余地はある、まだまだ今の状況は良くない、と考える必要がある。そして、常にもっと良くすることを考える。

したがって、あらゆることを自明の理と考えるべきではない。先ほども述べたとおり、自然法則以外、様々なものが疑わしい。いや、「太陽が動いている」という現象さえ、事実ではなかったのだ。様々な自明の理が疑わしい。そして、我々が「自然」だと思っていることにも、そうでないことが多い。

男がネクタイをしてズボンをはくのが自然で、化粧をしてスカートをはいたら不自然だと考える。だが、言うまでもなく、そうしたことは約束事でしかない。いや、それどころか、くしゃみですら、自然に属することではない面があると、私は考えている。

かなり以前のことだが、パリの道を歩いているとき、後ろでくしゃみが聞こえてきた。その瞬間、私は「あ、日本人だ」と思って振り返った。思ったとおり日本人がいた。パリには、韓国人や中国人など、骨格が日本人と似た民族もたくさんいるが、日本人だけが日本人風のくしゃみをしていた。

くしゃみだけではない。咳にも、日本特有の流儀がある。朝鮮半島の人は、「アイゴー」といって泣くと言うが、それと同じことだ。我々はそれを自然な行為と考えているが、両親や周囲の人の咳やくしゃみの仕方を学習して、日本人として好ましい咳やくしゃみをしているにほかならない。

自然なことも自明の理と思われていることも、そうとは限らない。すべてをとりあえずのものと考える姿勢が必要だ。

子どものころは、誰もが様々な疑問をもつ。だが、徐々にそれを押さえつけて、大人になり、その道のプロになっていく。そして、疑問をもたなくなる。

大人になるということ、その道のプロになるということは、言ってみれば、特殊な考え方を身につけるということだ。カメラマンならカメラマン、営業マンなら営業マン、学者なら学者というように、それぞれの価値観がある。プロになるということは、その価値観を身につけるということだ。

もちろん、プロになることは大事なことではある。だが、そうなりきってしまうと、初めに抱いた素朴な疑問を忘れてしまう。

オペラ好きが嵩じると、結核で死を間近にした美女の役を丸々と太った血色の良いおばちゃんが演じていても、男女が家の中で密会しているはずなのに、周囲数百メートルに響き渡るような大声をあげて歌っていても、気にならなくなる。それどころか、声に張りがなかったり、声が小さかったりすると、文句を言いたくなる。いつまでも、このような状態に異様さを感じていたのでは、素人でしかない。

したがって、疑問をもつには、どっぷりとその世界の価値観や約束事に浸《つ》からないことが必要だ。どこかにアマチュアの視点をもっていてこそ、疑問をもつことを恥ずかしいと思わないでいられる。そうすることによって、新しい視点を見つけ出すことができる。

ただし、人間というもの、一度そうと思ってしまったら、疑問に思うことはほとんどない。「スリーストライクでアウト、フォアボールで一塁に進める」と覚えてしまったら、二度と振り返って疑問を抱くことは難しい。

そこで、どのようにして、ノーの視点を見つけ出すか、そのポイントを紹介しよう。

▼別の価値観の人を思い浮かべる

人間、どうしても自分の価値観にとらわれやすい。男はいつまでも男の視点で考えてしまう。若者は若者の視点で考えてしまう。

だが、ノーの視点を見つけるために、しばらくの間、別の視点を思い浮かべてみるのはどうだろう。異性や外国人や老人や障害のある人や子どもの視点から考えてみるわけだ。

もし、老人だったら、どうだろう。フランス人なら、イスラム圏の人ならどう考えるだろう。野球を知らない人ならどう考えるだろう。そんな発想が役に立つことがある。

そうすることで、これまでと違ったように物事が見えてくることがある。

ふだん気にもとめない道の障害物が目の不自由な人の邪魔になっていることに気がつく。クリスマスを祝い、正月に神社に初詣に行き、葬式を仏式で行う日本人が、キリスト教徒やイスラム教徒からすると異常であることに気づく。

そして、多くの人には好都合のものであっても、ある特定の人々には害になることなどが見えてきて、新しい視点が手に入る。

▼様々な場合を想定する

今のままの状態がずっと続くとは考えられない。地震が起こったり、近隣諸国で戦争が起こったりする。会社も倒産する。単に石油価格が上がっただけで、頼みの原料が入ってこなくなったりして、会社に大きな損害を与えることがある。そうなると、リストラに直面する。家庭でも何か大きなことが起こる。もちろん、悪いことばかりではなく、驚くような幸運が舞い込むこともあるだろう。そうしたことが起こると現在の状況は崩れて、別の状況が生まれる。これまでの態勢では通用しなくなる。

そのような様々なことが起こったときのことを考えてみる。そうすると問題点が見えてくる。たとえば、都市に地震への備えができていないこと、企画に問題点への備えが十分ではないこと、会社に必要なものが不足していることなどが見えてくるだろう。今求められているものが何なのかがわかるだろう。

▼何が起こっていないかに気をつける

何が起こっているかは一目でわかる。だが、問題は何が起こっていないかだ。

たとえば、学校案内や会社案内を見る。そこには、学校や会社にとって好ましいことしか書かれていない。よほど悪質なところでなければ、おそらく、書かれていることは事実だろう。だが、それだけを信用して全面的に素晴らしいと思ったのでは、楽天的すぎる。そこに何が書かれていないかを考える必要がある。

進学校の入学案内なのに進学実績が書かれていない、海外に支社をもつ商社なのに海外支社の所在地が書かれていないなど、当然書かれるべきことが書かれていないことがある。その場合には、そこに目をつける必要がある。

街を歩いていて、当然あるはずの店がない、人の住む家があるのに洗濯物が見えないといったことに気づけば、その町の特殊性などを知ることができる。

このように、あるはずのものが不足している点に気をつけることが大事だ。

▼似たものとの類比を考える

もう一つ、新しい視点を得るための考え方として、似たものとの類比を考えることがあげられる。「巨人」の例にしても、阪神や横浜、ヤクルトなどのほかの球団と比べてみて、その特殊性が明らかになるわけだ。オペラを考える場合にも、演劇や映画などと比べてみる。そうすると、その特殊性が明らかになる。

何かについて、問題点を見つけたいときには、このように同類を探して、それとどの点が異なるかをさぐるとよい。そうすると、先に説明した、何が起こっていないか、何が不足しているかもわかりやすい。

■「巨人」とフォアボールの理由

ところで、気になる人のために、なぜ読売ジャイアンツを「巨人」と呼ぶのか、なぜスリーストライクでアウト、フォアボールで一塁に進めるのか、少し触れておこう。

まず、「巨人」という呼び方について。実はこれは、調べればすぐにわかる。

一九三四年にベーブ・ルースやゲーリッグなどの大リーガーが二度目の来日をしたときに結成された全日本のチームを母体としてできたのが、今の巨人軍だが、ほかにプロチームがなかったため、翌年、唯一のプロチームとして渡米し、アメリカの野球を学んだ。その際に、サンフランシスコ・シールズ監督のフランク・オドールによって「東京ジャイアンツ」と仮命名され、のちに「東京巨人軍」という正式名称になった。

つまり、エリートチームである読売ジャイアンツだけはほかのチームとは別の歴史をもっていると言えるだろう。そのため、「巨人軍」という特別の呼び方がなされているわけだ。この例は、一つの疑問から、「巨人」が日本のプロ野球の代表として歴史を作ってきた一端を知ることができた例と言えるだろう。

では、なぜストライクが三つでアウト、ボールが四つで一塁に進めるのか。なぜ公平にどちらも同じ三か四でないのか。これについては、調べても答えは出てこない。私なりの答えを考えてみよう。

私は、ストライクが三つでアウトなのは、三アウトでチェンジだからだと考えている。「三アウトでチェンジになる。だから、単位を一つ下げて、三ストライクで一アウトになる」わけだ。つまり、一つ下の単位も、上の単位と同じような形になっているわけだ。

では、なぜ、ボールは四つで一塁に進めるのか。

それは、四人がフォアボールで塁に出ると一点入るからではないのか。三人が塁に出ても、三つの塁が埋まるだけで点は入らない。ホームベースに選手が生還して、初めて点が入る。そのためには四人が塁に出る必要がある。だから、一つ単位を下げて、ボールが四つで一塁に進めるのではないか。

考えてみると、野球というのは三という数字で成り立つゲームだと言っていいだろう。ゲームは三の三倍の九イニングで戦われる。そして、一試合の全アウトの数は一チーム二七。つまり、三の三乗。これは九人（もちろん、三の三倍）の選手が一人三回ずつアウトにされる数字でもある。

こうして、九人が三回アウトになると試合が終了する。そして、九人の三分の一のアウトでチェンジになる。つまり、9×3のアウトでゲーム全体が終了し、9÷3のアウトで一イニングが終了するという形になっている。

だから、三ストライクでアウト、三アウトでチェンジ、三回チェンジでチーム全員が一巡するアウト、チーム全員が三巡するアウトで試合終了という形になっている。

したがって、ルールを作った人も、おそらく三つの進塁で点が入り、三つボールで一塁に進めるようにしたかったのだろうと思う。だが、そうはできなかった。なぜか。

「ダイヤモンド」の形に秘密がある。野球は三という数字から成っているので、一塁、二塁、三塁が作られている。だが、それでは野球は成り立たない。もう一つ、「ホームベース」があってこそ選手は生還して点が入る。だから、三という数字を生かそうとすると、ホームを入れて、四角形になってしまう。だから、四つのフォアボールで一点。ボール四つで一塁に進めるという要素が加わるわけだ。

もちろん、この私の説が正しいという証拠はない。これは単に私の説であるだけだ。だが、このような解釈も成り立つことがわかっていただけるだろうと思う。そして、このような疑問をもって考えてみることが、いかに楽しいことであることかもわかっていただけるだろうと思う。

■二項対立のものさしをもつ

問題点を見つけ出した。何について考えるか決まった。次にするべきなのは、その現象の分析だ。

だが、もちろん闇雲に分析しようとしても、何も分析できない。ある物質の正体を探るには、何らかのものさしが必要だ。重さを量ってみたり、長さを測ってみたりして、物質の性格を知ることができる。それと同じように、前もって、ものさしがあってこそ、物事を理解できる。

したがって、物事を考えるとき、そこには、どのような二項対立があるのかを、まず考える必要がある。わかりやすく言えば、こういうことだ。

あなたの上司にA部長とB部長がいるとする。その二人の部長は敵対しあっている。その部下は、A部長派とB部長派に分かれるだろう。そして、部下は、二人の部長の顔色を見ながら行動することになるだろう。ある行動はA部長に気を使った結果であり、ある行動はB部長に配慮した結果だろう。部下一人一人の行動は、A部長とB部長を両端とする選択肢のうちのどれかを選択することになるだろう。その行動を見れば、部下の行動の意味、すなわち、その部下がどのように考え、どちらの派閥につこうとしているかを知ることができるだろう。

ただし、もちろん、全か無かというわけではない。ある方向に一〇〇パーセント寄っている人もいれば、別の方向に寄っている人もいる。常にA部長に従う人もいれば、場合に応じて、半々の行動をする人もいる。B部長にべったりの人もいる。だが、ほとんどの行動は、この対立の中のどの部分かにおさまるだろう。

逆に言えば、ある部下の行動の意味を知りたければ、その行動がA部長とB部長という二項対立の、どの部分に当てはまるかを分析すればよいわけだ。つまり、A部長とB部長という二項を両端とするものさしをもって、その行動をはかればよいわけだ。

話をわかりやすくするために部長が二人であると仮定したが、もちろん部長は一人であっても、事情に変わりはない。その際には、その部長に対してどれほど忠実か、それとも不忠実かという二項対立が可能になる。

このように、ある現象を見たら、それがどのような二項対立に基づいているのか、その二項対立の中のどのような点に位置するのかを考えることによって、その現象の意味を分析することができる。

会社内の対立を例に示したが、もちろん、これは文字どおりの対立だけに通用するわけではない。

たとえば、道路交通法を見てみよう。

道路交通法の第一章総則の第一条には、「この法律は、道路における危険を防止し、その他交通の安全と円滑を図り、及び道路の交通に起因する障害の防止に資することを目的とする」とある。

つまり、ここで示されているのは、道路交通法は、「危険防止」と「交通の円滑」という二つの理念の二項対立から成っているということなのだ。

もし、本当に危険を回避し、安全性を高めようとするのなら、車を走らせず、ずっと停まったままにしておくのが理想だ。それは極端だとしても、超ノロノロ運転をし、少しでも危険があるごとに停車し、危険地帯に立ち入らざるをえないときには徐行をするのが、もっとも安全な方法だ。だが、そうしたのでは、道路は渋滞し、交通は円滑でなくなる。目的地に着くためには、安全ばかりを気にするわけにはいかない。

一方、逆に交通の円滑を重視するなら、できるだけぶっ飛ばすのが望ましい。横断歩道などを気にしていたのでは、円滑な交通は実現されない。危険には眼をつぶり、一時停止も徐行もせず、制限速度も気にせずに走るのが望ましい。だが、こうすると、危険極まりないことになり、事故が絶えないだろう。日本の道路はまさしく地獄となる。

この二つの、まったく対立する理念の折り合いをつけ、安全を確保しながら、円滑な交通を実現しようとして、様々な規則を定めているのが、道路交通法なのだ。

前を遅い車が走っている場合、交通の円滑を重視すれば、早く追い越すのが望ましい。だが、それでは危険だ。そこで、道路交通法では、勾配付近や道路の曲がり角付近の追越しを禁止しているわけだ。そうやって、安全性と円滑な交通の両方を満たそうとしている。

道路交通法のほとんどすべては、このように、二つの理念でどうやったら折り合いがつけられるか、どうやったら安全性と円滑性が確保できるかという、長年の研究の積み重ねの成果にほかならない。まさしく、この法律は、二項対立からできているわけだ。

このように、ある出来事や決まりは、対立する二つの要素の妥協や偏りから成っていると言っていいだろう。逆から見れば、何かを考えるとき、その出来事が、どのような二項対立のどの位置にあるかを理解することが有効だということなのだ。それが、分析の第一の作業だと言えよう。

■日常的な二つの二項対立

ごく日常的に、私たちが用いている二項対立の分析がある。その一つが、現実と理想の二項対立だ。

課長になろうという理想のもとに努力するが、実際には係長どまりになってしまう。出世を目論んである上司に取り入るが、上司が争いに敗れて、割を食う。ある分野を研究して何かを発見しようとしていたが、その領域では何も発見できなかったものの、副産物として思いも寄らなかった発見をして評価される。そうしたことは日常的にしばしば起こっているが、それらはすべて、理想と現実の対立によって生じたものだ。

もっとわかりやすいのは、受験だ。ほとんどの人は、より上位の学校を目指すが、現実はそれについていかずに、理想と現実の対立の中で選択をするわけだ。

理想と現実という二項対立を分析することによって、その状況は、どのような理想のもとで企画されたものであり、どのような現実に阻まれて、今のような状況になるかを読み取ることができるはずなのだ。

もちろん、多くの人が日常的にそのような思考をしているだろう。「あの人は、理想が高いので、いつまでも結婚できないんだ」「あそこの息子さんは、難しい大学を狙って浪人していたけれど、ついに諦めて、一ランク下の大学に行くことにしたそうだ」というのは、まさしく、理想と現実の対立を言い当てた言葉だ。そうしたことを意識的に考えることで、物事をもっと明確に捉えられるようになる。

ある行動を、望んでいたことと現実との対立によって起こったものとして捉えると、様々の点が見えてくる。もちろん、中には理想をそのまま実現できる人もいるだろう。求めていた理想とはかけ離れた現実を生きている人、自分の意図とはまったく異なる結果が生じた人もいるだろう。だが、ほとんどの人が、理想と現実の妥協として、一つの決断をしているはずだ。それは、あれこれ言わずとも、これまでの人生を振り返ってみれば、多くの人に身に覚えのあることだろう。

また、もう一つ、本音と建前という二項対立も日常的に存在する。

言うまでもないことだが、人間の言動はすべてが本音というわけではない。立場上あるいは利益のために心にもないことを言わざるをえない。お世辞、見栄、嘘などを上手に使ってこそ、現実社会に適応して生きていける。もし、本音ばかりを言っていたら、現代社会では悲惨な目にあう。

ときにはまったくの本音、まったくの建前を言うこともあるが、多少本音に近いことを言ったり、建前を少し混ぜたりして話をすることのほうが多い。本人が意識していなくても、建前が混じったり、本音が混じったりすることがある。口で建前を言いながら、顔に本音が出ることも、往々にしてある。

つまり、現実の人間は、「建前」と「本音」という二項対立の中で生きている。人の言動というのは、本音と建前を両端とする二項対立の中に位置すると言っていいだろう。

したがって、聞き手は、無意識のうちに相手の言動を分析し、かぎ分けて、建前と本音を区別している。どのくらい本音が混じっているか、どのくらい建前を言おうとしているかを分析しようとしている。

このように、人間は様々な二項対立に日常的に囲まれて生きているのだ。だが、現象の背景にある理想と現実、本音と建前の対立をもっと意識することによって、状況をより明確に捉えることができるようになるはずなのだ。

■世界を読み解くものさし

私は受験生を相手に小論文を教えている。高校生の場合、基礎知識がないため、新聞を読んでも理解することが難しい。新聞には今何が起こっているかは書かれているが、それにどのような意味があるか、なぜそのようなことが起こっているかについて、わかりやすい解説がほとんどない。そのため、新聞を読んでも頭に入らない。いつまでたっても、世界情勢や政治・経済状況を理解できない。

そこで、私はそんな受験生たちに、世界を読み解くものさしを与える。二項対立によって動いているのは、日常の問題だけではない。もっと大きな二項対立、世界を覆う巨大な二項対立もある。新聞やテレビをにぎわす問題も、二項対立にあふれている。それを理解することによって、現象の意味を理解し、分析できるようになる。二項対立というものさしを与えることで、自分で分析できるようになる。

とはいえ、現代社会を読み解くものさしは、そんなにわかりやすくはない。

少し前まで、世界を覆う対立はきわめてわかりやすかった。「資本主義と共産主義」という対立の構図で世界を見ることができた。

世界は冷戦構造をなし、米ソの間で様々な戦いがなされていた。世界のすべての国は、二つのイデオロギーと無関係ではいられなかった。日本国内の様々な動きも、それに呼応していた。政党も労働組合も学生運動も市民運動も、そうした大きな見取り図の中で捉えることができた。言うまでもなく、かつての社会党と共産党は、共産主義の側に位置し、基本的に資本主義に敵対し、ソ連や中国の側に立った。自民党は、資本主義の側に立って、社会党や共産党を攻撃した。

だが、現在では、そのような単純な二項対立で世界を捉えることは難しい。だからといって二項対立そのものが成り立たないわけではない。正確に言うと、様々な二項対立が重なり合い、複雑に入り組んでいるのが、現在の状況と言えるだろう。

東西対立に代わって、現在の二項対立の中心を成すのが、グローバル化の進展に対する賛否だと言っていいだろう。

かつては、情報も国家が握り、経済も政治も国内規模で行われていた。国内だけでほとんどのことが間に合っていた。だから、国家は強大な権力をもっていた。だが、今、通信も交通も発達して、国境を越えて、ものや人、情報が入ってくる。経済は世界全体で動いている。そのため、だんだんと人々の中で国家という意識が薄れてきている。国家が国民をコントロールしようとしても、国民は外国の情報も手に入れ、自由に外国と行き来して、外国製品を買い、外国に働きにいき、外国とコンピュータで結んで仕事をしているので、それは難しい。一部の国のように極端な鎖国体制をとらないかぎり、国家は国民をコントロールできない。世界は一つになって、国境はないも等しい状況になっているわけだ。

グローバル化というのは、言ってみれば、欧米の資本主義的な価値観を普遍的なものとみなして、世界に広めようという考え方だ。「コンピュータを用いて、世界規模の経済が動いている現在、国によって異なった基準があると、経済がうまくいかない。世界中が同じ考え方をするほうが効率的だ。そうすることによって、経済の規模を大きくし、今貧しさにあえいでいるところも、世界の豊かな経済の恩恵を受ける。貧しい社会のほとんどは、独裁的な政治に苦しめられているが、豊かな国の影響を受けることで、民主主義も定着するだろう。世界を一律化してこそ、すべての面でうまくいく」と考える。

対して、それを阻もうとしているのは、次のような考え方だ。「グローバル化というのは、アメリカの効率主義のシステムを世界に広めようということにほかならない。世界がアメリカのように消費第一主義の競争社会になると、もっと環境破壊は進み、貧しい国はもっと貧しくなり、市場経済の毒が世界を覆ってしまう。みんながアメリカのように経済競争に明け暮れるのでなく、それぞれの地域の文化を守り、自分らしい文化をもつべきだ」と考える。

現在起こっている様々な事柄が、このグローバル・反グローバルの現れとして捉えられる。規制緩和はもちろん、グローバル化を進めようとする動きだ。日本国内の規制を緩和して、欧米の水準に合わせようとしているわけだ。また、自衛隊派遣問題も、日本的なシステムを欧米に合わせようということだと考えることもできる。日本もほかの先進国並みにもっと難民を受け入れ、外国人労働者を正式に認めるべきだという意見があるが、それもグローバル化を推し進めようという動きに呼応する。

そして、それらに反対し、日本式の方法を維持しようと努力するのが、グローバル化に反対する動きだ。終身雇用と年功序列などの日本的なシステムを守ろうとするのはもちろん、元号などを日本独自の文化として維持しようとするのも、この動きに属する。

これからもしばらくの間、様々な問題を通して、グローバル化を進める勢力と、それを阻止しようとする勢力の間で対立が起こることだろう。そして、様々な問題をめぐって議論が行われるだろう。こうしたことも、ものさしをもっていれば、理解が早まる。

■現代日本を読み解くものさし

ところで、日本特有の二項対立がある。日本の集団主義的な考え方を改めるべきだという立場と、改める必要はないという立場の対立だ。日本社会で起きる様々な問題を考えるとき、この二項対立を頭に入れておくと、いろいろなことを分析できるはずだ。

日本人は個人意識が弱く、集団的になる傾向が強い。日本人は和を大事にする。自己主張せずに、仲良くしようとする。本当はみんなの意見に反対でも表立って反対しない。反対意見を言うときも、遠慮がちにする。個人意識が弱く、確固とした自分をもたない。流行に乗りやすく、他人の影響を受けやすい。近年、多少は個人主義的になったと言われるが、まだまだ集団主義が根強い。

そのため、自分の意志で行動し、失敗したら責任をとる、という自己責任の意識が薄い。甘え意識が強く、集団に依存しようとする。自分のはっきりした価値観をもたない。戦後の民主主義が「横並び」を重視するのも、その集団主義の影響だろう。そのため日本では階級性が弱く、世界でも稀に見る貧富の差の少ない社会になっている。多くの国民が中流意識をもち、みんなが同じようなレベルで生きている。

こうした集団主義のあり方に賛成する意見がある。集団主義であるということは、思いやりがあり、他人を気使い、もちつもたれつの関係を作ろうとするわけだ。だから、平和な社会になる。欧米社会のように自我と自我のぶつかり合いが起こることは少ない。しかも、これは日本の文化にほかならない。だから、これを守るべきだ、これこそが日本人の美点だ、と考えるわけだ。

だが、反対意見も多い。集団主義ということは、別の価値観を認めずに、みんなで同じ価値観をもとうとすることだ。だから、少数意見が認められない傾向が強い。みんなと違う考えの人がいると、仲間はずれにされることになる。

このような状況は、少数意見を重視し、様々な価値観を許容しようという民主主義の社会にとって好ましくない。また、これからは国際化がますます進む。様々な価値観をもった外国人と日常的に接するとき、同じ価値観の人だけで固まる集団主義はふさわしくない。その上、これからは情報社会になる。独創性がものを言う。上司の言いなりになって、会社のために働く日本式のあり方では、対応できなくなる。自己責任で、他人に依存せず、大人として行動することが求められている。

そうしたことを頭に入れて考えると、これまた様々なことが明確になってくる。

たとえば、町の騒音だ。渋谷を歩く。駅前の交差点に大きなスクリーンがあり、大きな音で流行の音楽が鳴っている。なぜ、日本人はかくも音に無神経なのか。日本人の集団性についての知識があれば、すぐに思いつくだろう。日本人は自己意識が弱い。欧米人なら、自己意識が強いので、音を自分の空間の侵害だと考える。だから公的な場で音が鳴ることはない。電車の中でもアナウンスがほとんどない。ところが、日本人は音が鳴っても、自分の空間を侵害されたと思わない。電車の中で、まるで子ども扱いされて、「降りる人から先に」と言われても、「傘などの忘れものをしないように」と言われても、不愉快に思わない。

そうしたことは、携帯電話などの私的な行動を公共の場で行うことからもわかる。

このように、日本社会を考えるときにも、常にこの二項対立を頭に置いて考えることによって、物事の本質が理解できるようになるはずだ。

■背後にある二項対立を探れ

二項対立は、ここに示した例だけではない。ほかにもたくさんある。それぞれの分野ごとに、いくつか例をあげるといって間違いないだろう。

二項対立があると、しばらく前からあちこちで問題になっている「学力重視」と「ゆとり教育」も、二項対立に属する問題だ。

ゆとり教育を推進する人々は、「これまでのような押しつけ教育ではなく、生徒の自主性を尊重し、個性を生かした教育をしよう」と考えている。それに対して、ゆとり教育を批判して学力重視を主張する人の多くが、「教育には押しつけが必要だ。自主性や個性を尊重しても、必要な教育を受けさせることができない」と考える。そして、この背景にあるのは、「自主性重視の教育」の是非という問題だ。

そのほか、教育との関連で言えば、「専門研究のための大学」と「教養のための大学」という問題がある。前者の立場の人は、「大学は専門を探求するための機関であって、就職のための場でも資格をとるための場でもない」と考える。後者の立場の人は、「現在では、大学は大衆化し、専門家を目指さない人も大学に進学する。もう、大学は学問探求の場というよりも、就職のための実学を学ぶ場だ」と考える。

文学の世界では、昔から、「社会の役に立つ文学」と「文学至上主義」という問題が議論されているし、クラシック音楽演奏の世界では「楽譜至上主義」と「演奏家の主観重視」が常に問題になる。医療の世界では、「生命の質（ＱＯＬ）重視」と「生命の神聖性（ＳＯＬ）重視」、政治社会問題では、「改憲」と「護憲」、「産業重視」と「福祉重視」、「死刑存続」と「死刑廃止」、女性問題では、「ジェンダーフリー」と「女性らしさ重視」などなど、枚挙に暇がないほど、二項対立でこの世界はあふれている。

ある行動をとるということは、二項対立のうちのどちらを選択するかということなのだ。したがって、何かが起こったとき、そこにはどのような二項対立が存在するかを考える必要がある。その行動、その現象は、二項対立のどちらの側に位置するのか、あることが起こったということは、何が起こらなかったということなのか、そのようなことを考えてみるわけだ。

もちろん、実際の社会においては、ことはそれほど単純なわけではない。実際の出来事は複合的に起こる。一つの二項対立で捉えきれないことがある。二項対立のどちらにも当てはまらないような行動もあれば、複数の二項対立とかかわることもある。

先にあげたＡ部長とＢ部長の件にしても、実際の部下たちの行動は、Ａ部長とＢ部長の対立以外の要素にも影響されるだろうし、中にはそのようなことにお構いなしに行動する社員もいるだろう。本人はＡ部長に喜ばれるつもりで行動したのに、むしろＢ部長の思うツボだったというようなことも多いだろう。

しかし、たとえそうであったとしても、二項対立を見抜き、それぞれの問題についてものさしを用意することによって、物事を分析できることは間違いない。少なくとも、分析するための糸口をつかめるだろう。そして、そうした分析を続けることによって、現象にどのような意味があるのか、だんだんと理解できるようになってくるのだ。

第三章　「型」を用いて知的に話す

■会話に使う二種類の「型」

現状にノーを突きつけ、現象の背後にどのような二項対立があるかを見つけたら、次にするのは、考えを口に出すことだ。

一人で長々と考えていても、良い案が浮かぶわけではない。特に、頭の中で考えるだけの場合、堂々巡りをするばかりで、考えが深まらないことが多い。一時間たっても、考え始めたころとまったく同じことを考えていたりする。それでは、あまりに効率が悪い。

日本人はほかの民族に比べて、人前で披露する前に自分一人できちんと練習をしておこうという意識が強すぎるのではあるまいか。本番前にリハーサルを繰り返し、少しも失敗がないように気を使う。そして、そのあまり、本番で力を発揮できなかったりする。

英会話の勉強でも、自分一人でCDなどで練習して、かなりできるようになってから外国人と話そうと思っている人が多そうだ。だが、それでは、外国人と話ができるレベルになるまで、相当の時間を要する。いや、最終的にそうなればよいが、ほとんどの場合、途中で挫折してしまう。それよりは、基礎をほんの少し身につけた時点で、外国人と話をするほうがよい。初めから完璧なものを目指そうとするのではなく、話をするうちに完璧にしていこうと考えるほうが現実的だ。

思考する場合にも、それと同じことが言える。考えがしっかりまとまってから人に話そうなどと考えず、ある程度ヒントがつかめたら、ためらわずに口にしてみることを勧める。

とはいえ、すぐに最終的な自分の意見を主張してしまうのも考えものだ。一度口にしてしまうと、言い直しができない。反論されてグウの音も出なくなったり、話しているうちに自分の間違いに気づいたりしたのでは、知性を疑われてしまう。

そうならないためにも、私は人前で意見を言う場合、二種類の「型」を使い分けるべきだと考えている。

まず、使うのは、「メモの型」だ。

文章を書く場合、多くの人がメモをとるだろう。何も考えずに書き出すと、よほど書き慣れた人でないかぎり、考えが深まらなかったり、まとまらなかったりするのは目に見えている。考えるべき問題について、多方面からメモをとっておく必要がある。それと同じように、会話する場合も自分の主張を本格的に語る前に、人に質問をしたり、出来事を確認したりする。つまり探りを入れながら、だんだんと自分の意見をまとめていくわけだ。「口でとるメモ」のようなものだ。

その場合、思いつくままに口にしていたのでは、考えはまとまらない。今度はどんなことをメモしようかといちいち迷っていたのでは、とりわけ人と話をしているときには、時間ばかりが過ぎてしまう。

メモをとるべき内容を前もって、「型」として頭にインプットしておく。そして、口ぐせにしておく。どんな問題についても、いくつかの「型」を口ぐせにしておくように習慣づけるわけだ。そうすることによって、どんな問題についても的確にメモをとることができるだろう。

そのようにして、自分の意見が明確になったら、今度は、人前でその意見を語る。その際に用いるのが、もう一つの「論述の型」だ。

人と話をするとき、ある程度の雛型があってこそ、論理的に考えを伝えることができる。行き当たりばったりに話していたのでは、途中から話がずれてしまったり、矛盾してきたりして、非論理的になり、考えは相手に伝わらない。そこで、ある一定の「型」に沿って、話す順番や言い回しを決めておく。そうやって論理的に話を展開する。

この「メモの型」と「論述の型」の二種類の「型」を使い分けて、自分の意見をまとめ、それを人前で発表する。そうすることで、深く思考することができる。そして、その思考を論理的に伝えることができる。

では、具体的にどのような「型」を使うのか、どうすればよいのかを詳しく説明していこう。

Ｉ「メモの型」を使って考えをまとめる

■「メモの型」とは？

「メモの型」を用いる場合、私は3WHAT3W1Hを考えることを勧める。

文章は5W1H、すなわちWHEN（いつ）、WHO（誰が）、WHERE（どこで）、WHY（なぜ）、WHAT（何を）、HOW（どのように）を考えて書けといわれる。新聞の文章などは、そのような心がけで書かれるようだ。

私が提唱する3WHAT3W1Hというのは、それをもじったものだ。

3WHAT3W1Hとは、「それは何か（定義）」「何が起こっているか（現象）」「何がその結果起こるか（結果）」だ。これらの三つのWHATを考えることで、問題点を整理するわけだ。ここまででは、まだ問題点を整理しただけだ。このあと、3W1Hを考えてこそ、独自の視点が見つかり、思考が深まる。

3Wとは、WHY「なぜそれが起こっているのか。それがなぜ好ましくないか、あるいは好ましいか（理由・根拠）」、WHEN「いつからそうなのか、それ以前はどうだったか（歴史的状況)」、ＷＨＥＲＥ「どこでそうなのか、ほかの場所ではどうなのか(地理的状況)」。そして最後のＨとは、ＨＯＷ「どうやればいいか(対策)」。

何かが会議や雑談で問題になっているとき、メモをとるようにして、これらの項目を口に出してみる。言い換えれば、一つの「型」として頭に入れておいて、決まり文句として用いるのだ。考えるときには、常に「定義・現象・結果・理由(根拠)・歴史的状況・地理的状況・対策」という手順に沿って考えてみる。考えながら、周囲の人と話し、それをヒントにして、自分の考えをまとめる。そうすることで、現状を分析できる。自分の考えもまとめられる。

この３ＷＨＡＴ３Ｗ１Ｈは、「型」として以下で説明するように口ぐせにしておくことを勧める。もちろん、文字どおりに用いる必要もない。時と場合によって、少し言葉を変える必要があるだろう。また、常にどの項目も有効というわけではない。話題によっては考えても意味のない項目もある。だが、いずれにせよ、考える手順とするわけだ。

■３ＷＨＡＴで問題点を整理する

▼「そもそも――とは――」　定義

たとえば、「競争」について話題になっているとする。そのときには、「そもそも競争とは

――」とまず口に出してみるわけだ。そうすれば、「勝負・優劣を互いにきそい争うこと」（広辞苑）というような定義が思い当たるだろう。定義をはっきりさせないまま考えていくと、考えが曖昧になってしまうことがある。たとえば「オタク」として生活することの是非について考えようとする。が、「オタク」とは何かを明確にしておかないと、考えようがない。また、人と話をしているときに、相手と言葉の定義が異なって、話がかみ合わなくなったりする。このように発言することは、そうしたことを防いで、話を明確にするのに役立つ。

▼「今、起こっているのは――」「今、問題になっているのは――」現象

次に「現象」を考える。「競争」が話題になっているとすると、「今、起こっているのは、企業などでの競争激化だ。ところが、学校ではあまり競争が行われず、平等が重視されている」などと言葉にすることができる。このように、今何が起こっているか、何が問題になっているか、どんなことが社会で議論されているかを整理するわけだ。これによって、どのような方向で問題を捉えるべきかが理解できる。

▼「このままでいくと――」結果

次に、このままいくとどうなるかという「結果」を少し大げさに口にしてみる。競争が激しくなってしまうとどうなるか、逆に、人々が競争意欲を失ってしまうとどうなるか。競争重視の弱肉強食の社会になってしまう状況、あるいは、みんなが活力をなくして怠惰に生きるようになってしまう状況を思い浮かべてみるといいだろう。「このままでいくと、人間から競争意欲がなくなってしまうかもしれないね」などと口に出して言ってみるわけだ。

また、現在のままの社会が続くとはみなさず、近隣の国での戦争や地震などのトラブルが起こったらどうなるか、会社が倒産したらどうなるか、身近な人が死んだらどうなるかといったシミュレーションをしてみる。そうすることで、問題点が見えてくることがある。たとえば、「このままでいくと、地震が来たときどうするんだろうね」などというふうに言ってみる。

■3W1Hで独自の視点を見つける

▼「なぜ、そのようなことが起こっているかというと――」「それが、なぜ好ましくないか（好ましいか）というと――」 WHY＝理由・根拠

競争を例にとると、なぜ競争が問題にされるのか、なぜ日本で競争が軽視されているのかという、理由を口にしてみる。そうすると、日本の教育の「みんな同じに」という画一主義や、その背後にある、日本社会の「なれあい主義」を思いつくだろう。

また、日本の競争のあり方を問題にするのなら、「なぜ日本の競争は好ましくないか」を考えることによって、これまでの日本が集団重視で、競争が軽視されてきたこと、そして、そのために日本経済がグローバル化に対応できずにいる状況が見えてくるはずだ。また、教育においては、平等主義の影響で、今も競争原理が重視されずにいること、それが学力低下に結びついていることも見えてくるだろう。

▼「かつてはどうだったかというと——」WHEN＝歴史的状況

次に、「かつてはどうだったか」を口にしてみる。競争について考える場合、いつから競争が重視されるようになったのか、それ以前はどうだったのかを考えてみると、様々な点が見えてくる。

また、現在からみて不合理なことは、しばしば歴史的な事柄に原因がある。たとえば、A部長とB部長の間に対立がある場合、過去に何らかの因縁があるはずだ。それを考慮に入れなければ、物事を正確に把握できない。

ところで、世界の出来事について考える場合、「市民革命・産業革命の前とあと」、「第二次世界大戦の前とあと」、そして、「冷戦の前とあと」がどうであったか、どのように変わったかを考えると、理解が深まることが多い。市民革命・産業革命によって近代国家が始まり、第二次大戦によって現代になる。そして、冷戦後は、まさしく今の社会だ。

日本の出来事の場合は、「明治維新の前とあと」、「太平洋戦争の前とあと」、「高度成長の前とあと」を考えるとよい。明治維新によって、日本に市民革命と産業革命の成果がもたらされた。そして、太平洋戦争に敗れて民主社会になり、高度成長後、日本は先進国になった。このように時代の前とあとを考えることによって、近代社会になる前とあと、現代社会になる前とあと、現在の状況などが明確になるわけだ。

そうしたポイントを考えることで、おそらく江戸時代には今と比べて競争はそれほど激しくなかったことがわかるだろう。近代社会になり、個人の意識が強まってこそ、競争が起こることに気がつくだろう。競争は、個人の自立があってこそ成り立つ。また、競争は、日本では戦後いっそう進んだこと、戦後、学歴競争が激化したことなども思い浮かぶはずだ。

▼「ほかの国（地方・組織）はどうかというと――」WHERE＝地理的状況

次に地理的状況を考える。

日本以外の国ではどうか。自分の住んでいる地方以外ではどうか。別の会社ではどうか。「競争」を例にとると、階級意識の強いヨーロッパよりも、「アメリカンドリーム」の国アメリカのほうが競争が激しいことに思いいたるだろう。ヨーロッパでは、学歴競争はあまり激しくないと聞く。ドイツなど、以前に比べればかなり大学進学率が高まったとはいえ、まだまだマイスター制度が残っていて、学歴をつけようとする気持ちが強くないと言われる。そこには、階級意識が影響しているだろう。日本のように、誰もが競争に参加する社会ではないので、エリートはエリートとして、子どものころから生活することになる。労働者の子どもは労働者として生きる。そのため、激しい競争にならない。

こう思考を進めれば、一般的には階級意識が弱いほうが、競争意識が強いということに気がつくはずだ。

▼「どうすれば改善できるかというと――」 HOW＝対策

こう口に出してみることで、対策を考えてみる。「競争」を例にとるなら、どうすれば、競争をもっと好ましいものにできるかを考えるわけだ。たとえば、「これまでの競争は一律的でありすぎた。みんなが同じものを目指し、同じようになろうとして、みんなが東京大学を目指してきた。これからはもっと多様な競争をするように改めて、自分の個性を伸ばすような競争を重視するべきだ」というような対策を考えることもできるだろう。また、経済の競争力をつけるために「親方日の丸」をやめる方策などを思いつくだろう。

このように、「口ぐせでメモをとる」ことによって３ＷＨＡＴ３Ｗ１Ｈを検証できる。そうすることによって、考えをまとめることができる。

練習問題１

一月から一二月までが一枚になっているカレンダーを思い浮かべてほしい。このカレンダーを見て、疑問を感じないだろうか。疑問を二つ以上出してほしい。

解答例

①なぜ、二月は二八日なのか。二月も三〇日にして、その分、三一日の月を減らせばよいではないか。

②日本のカレンダーでは、土曜日がいちばん右、日曜日がいちばん左にあるのに、土、日を「週末」というのはおかしくないか。本来なら、「週末・週始」と言うべきではないか。

練習問題２

グリム童話の『赤頭巾ちゃん』の話を思い出してほしい。

赤頭巾ちゃんは、あるとき、両親に言いつけられて、森のおばあさんのところにお使いに行く。途中、狼に出会って、おばあさんのところに行くと告げる。すると、狼は先回りして、おばあさんを食べ、おばあさんのふりをして、赤頭巾ちゃんを待つ。そして、赤頭巾ちゃんが到着する。狼は赤頭巾ちゃんも食べる。が、通りかかった猟師に気づかれ、腹を切り裂かれて、石を入れられる。その後、狼は石の重みで死んでしまう。

子どものころから聞きなれたストーリーのはずだが、よく考えると、これにはおかしなところがたくさんある。ストーリーの上でおかしなところをできるだけ多く指摘しなさい。

解答例

①赤頭巾ちゃんの両親は、いたいけな少女を危険な森の中に一人で使いに行かせたのだが、一般的な親がそんなことをするだろうか。

②オオカミは赤頭巾ちゃんが出発してすぐに森の中で出会ったのだから、そのときすぐに食べてしまうべきではなかったのか。

③オオカミはおばあさんに化けて「耳が大きいのは、おまえの声を聞きたいためだ」などと言って赤頭巾ちゃんを襲うが、どうせ襲うのなら、そんな嘘を言わずにさっさと襲えばよい

のではないか。
④赤頭巾ちゃんとおばあさんの二人を同時に食べると、おなかが苦しくなるに決まっているので、一人ずつにしたほうがよかったのではないか。
⑤赤頭巾ちゃんとおばあさんを救おうとオオカミの腹を切り裂いたあと、腹にわざわざ石を詰めて縫い合わせるが、そんなめんどうなことをしないで、さっさと殺せばいいではないか。

練習問題3

物事を断定せずに、ぼかして言う、いわゆる「ぼかし言葉」が増えていると言われる。「ぼかし言葉」について、「メモの型」を使って考えをまとめなさい。

解答例

▼そもそも、「ぼかし言葉」とは、断定口調を避けるために疑問ふうに語尾を上げたり、「——のほう」「——みたい」などの言葉を加えたりすることを言う。(定義)
▼今、問題になっているのは、しばらく前から「ぼかし言葉」が若者のあいだで使用されるようになっていること。あちこちで、それが良くないことだと言われている。(現象)
▼このままでいくと、もっと「ぼかし言葉」が増えるかもしれない。(結果)

▼なぜ、そのようなことが起こっているかというと、日本社会が、自己主張をしない、お互いに甘えを許す社会であって、人々が和を大事にしようとするからだ。（理由・根拠）
▼なぜ、そのようなことが起こっているかというと、自己主張を許さない日本社会で、多くの人が上手に自己主張をしようとするからだ。（理由・根拠）
▼それが、なぜ好ましくないかというと、これからはもっと自己主張をする必要があるからだ。（理由・根拠）
▼かつてはどうだったかというと、昔から、日本人は婉曲表現を使うなど、ぼかす表現が多かった。そうした表現が、減るどころか、むしろ増えているというのが、「ぼかし言葉」に表れている。（歴史的状況）
▼ほかの国はどうかというと、欧米の人はもちろん、中国や韓国の人もはっきりと自己主張する。日本以外の多くの国で、ぼかす傾向は少ない。（地理的状況）
▼どうすれば改善できるかというと、小論文やディベートの練習をして、自己主張するように教育をすることだ。（対策）

Ⅱ 「論述の型」を使って意見を述べる

3WHAT3W1Hの「メモの型」を用いて考えがまとまったら、いよいよ自分のはっきりした意見を言う。

■「論述の型」とは？

意見とは、繰り返し述べているとおり、ある事柄についてイエスであるかノーであるかをはっきりさせることだ。現在起こっていることは好ましいことなのか、ある企画を進めるべきか、ある出来事の原因は本当にそれなのかなどを明確にすることだ。

ただし、もちろん、イエス・ノーを答えただけでは、意見として十分ではない。その根拠を明確に答える必要がある。

ここでも、「型」を使うと、論理的になる。「型」を身につけていないと、話がずれることもある。また、考えが深まらないこともある。ところが、「型」を頭に入れ、それにのっとって思考することによって、誰でも、いつでも、論理的に思考できるようになる。したがって、少なくとも、「思考の達人」になるまでは、「型」を守って考えることを勧める。

私が、もっとも論理的な「型」として勧めているのが、以下のような「論述の型」だ。

第一部　主張表明

「私は――と考える」というように、問題となっていることについてイエスかノーかの主張をはっきり言う。ただし、もし自分の主張を初めにはっきり言うのがはばかられるような場合には、「どちらが正しいだろうかねえ」というように、ここでは問題提起をするにとどめてもよい。

第二部　意見提示

「確かに――しかし――」のパターンで言う。「確かに」のあとで、反対意見を考慮しながら、「しかし」で切り返して自分の意見を明確にする。たとえば、「競争は好ましい」という方向で主張したいとき、「確かに、競争には好ましくない面もある。たとえば、こんな○○な面だ。――しかし、競争には好ましい面が多い」と語る。イエスとノーのどちらの立場を取るかの方向を定め、問題となっている事柄の現在の状況を正しく把握する。

第三部　根拠

「なぜなら」で始めて、自分の意見の根拠を示す。場合によっては、そのあと、それを実現するための具体的対策を示すこともある。

第四部　結論
「このようなわけで」で始めて、自分の意見を確認する。

では、論述の「型」を用いた意見展開の例を示そう。

私は競争が個性を育てると思うので、教育の場でもっと競争をさせるべきだと考える。確かに、一昔前は受験競争が激化して、みんなが同じものを目指し、個性をなくす傾向があった。その時代には、多くの子どもが自分らしさをなくし、受験戦争にあえいだ。しかし、だからといって競争を否定するべきではない。なぜなら、競争するからこそ、自分の個性を磨くことができる。競争に負けて自分がそれに向いていないと知り、競争に勝って、もっと個性を伸ばそうとする。そうして、自分の能力を開発する。国民がそうすることによって、技術力も文化も発展する。このようなわけで、私は競争は好ましいと考える。

もちろん、もっと自由に考えられるようになったら、この「型」を崩してかまわない。だが、初めのうちはこの「型」に基づいて思考する。これを口ぐせにして、たとえば、「今日、飲みに行こうか」と誘われたときにも、「今日はやめておこう。確かに――しかし――。なぜなら――。このようなわけで――」というパターンで口にするようにする。そうすることで、いつのまにか、頭の中まで論理的になっていく。

このような思考を文章にすると、そのまま小論文になる。考えをまとめるためにも、この種の小論文を書いてみることを勧める。

本格的な小論文である必要はない。ときには箇条書きのメモのようなものだけでもよい。パソコンやメモ帳、日記帳などに、走り書きをするわけだ。そうすることによって、考えが深められる。一度、中断しても、また文章を見ながら、続きを考えることができる。あとで振り返って、自分の思考を確かめることができる。

ただし、この「論述の型」を用いて思考するとき、いくつか注意するべき点がある。

■「論述の型」を使う場合の注意点

▼注意点1　「確かに」を上手に使う

〈第二部　意見提示〉で「確かに」を上手に使うことによって、思考が生きてくる。

先に述べたとおり、まずは賛成・反対の両方の側からその問題について考えてみる。ただし、あわててイエス・ノーの態度を決める必要はない。持論としてどちらかの意見をすでにもっているのならともかく、そうでなければ、じっくり考えて、自分の意見を決定すべきだ。

その場合、イエス・ノーの両方の根拠を考えて、どちらの側が説得力があるかを考える。そして、イエスのほうに説得力があると判断したら、「確かにノーの面もある」という風に考える。反対の側（ノーの立場）からしっかりと考えを表明してみるわけだ。

こうすることによって、一方的ではない、客観的な意見になる。少なくとも、聞き手に、客観性をアピールできる。その上、反対意見を踏まえて考えているのだから、考えが深まる。聞いている人に、「この人は、反対意見をしっかりと知っているのだな」とアピールもできる。

しかも、こうすることで反論封じにもなる。前もって、「確かに」といって反対意見に目配りするため、反論したい人の気持ちをそいでしまうわけだ。さらに、相手の意見をたてることもできる。

人と話をしていて、「確かに君の言うことはよくわかる。しかし——」と言われて、それ以上反論できなくなってしまった経験はないだろうか。それを上手に使って、相手の意見を先回りして言って、相手にグウの音も出ないようにするわけだ。

ただし、的外れな反論を想定したのでは、むしろ反論を誘発してしまうので、どんな反論があるのかをしっかりと認識しておく必要がある。そのためには、その問題についてしっかりした知識をもっておくことだ。

たとえば、後輩が、「今年の新入社員、ナマイキですね」と言ったとする。すると、「新入社員はナマイキだろうか。確かにナマイキな面もある。たとえば――。しかし、そうでもない面も多い。なぜかというと、――。だから、今年の新入社員はナマイキとは言えない」というように考えるわけだ。

もちろん、口に出して言うときにも、そうでないときにも、こうして考えをまとめる。「確かに」を上手に使うことで、考える視点がずれなくなる。「型」を用いないと、どんどんとずれてくることがある。会話中に意図的に話をずらすのならともかく、そうでなければ、ずれてしまってはしっかりと思考できないし、相手に「非論理的な人」という印象を与えてしまう。

また、「確かに」と口にすることには、ほかのメリットもある。自分の意見を言う前に時間的余裕ができることだ。一般論を言いながら、頭の中で、これから自分の言うことをまとめることができる。

▼注意点2 「確かに」のあとは、説得力のありすぎることを言わない

気をつけなければならないのは、「確かに」のあとに、あまり説得力のありすぎることを言わないことだ。「しかし」のあとで自分の主張を示すのだから、「確かに」のあとの部分に説得力がありすぎると、「しかし」で切り返せなくなってしまう。

もう一つの失敗――それは、話しているうちに、反対意見のほうをもっともだと思い始めて、鞍替えしてしまうことだ。たとえば、「確かに、競争には悪い面が多い」と言い始めて、「しかし、競争は好ましい」といったん言ったあとで、もう一度、「しかし、競争は好ましくない」と言ってしまう場合だ。

これは致命的な失敗になりかねない。これでは、いったいどちらの立場なのか、聞いている人にはわからなくなる。

▼注意点3　話をずれなくするために

話したり書いたりしているうちにだんだんと論点がずれてくることがある。何について考えているのかがわからなくなってしまって、別のことを言い出してしまう。それを避けるために、〈第一部　主張表明〉の内容と、「確かに――」のあとと、「しかし」のあとをきちんと対応させることが大事だ。

「競争は好ましい（あるいは、好ましくない）。確かに、競争には好ましくない（あるいは、好ましい）面がある。しかし、競争は好ましい（あるいは、好ましくない）」というように、きちんと対応させる。そうすれば、絶対にずれない。

ところが、「競争は好ましい。確かに、今、競争するべきだと言われることが多い。しかし、競争は日本ではあまり激しくない」、あるいは、「競争は好ましい。確かに、競争には好ましくない面がある。しかし、今の日本では、競争が重視されている」とすると、論点がずれてしまう。そして、だんだんと修正不可能になっていく。

そうならないように、きちんと対応させることを心がけてほしい。

▼注意点4　〈第三部　根拠〉ではできるだけ掘り下げて知性を見せる

〈第三部　根拠〉とは、基本的にはイエス・ノーの理由を言う部分だ。「競争は好ましい」と言いたいときには、ここで、「なぜなら、競争によって経済が活発化して、個人や社会にプラス面をもたらすからだ」と、その詳しい内容を説明する必要がある。

ここで説得力のあることを言って、聞いている人を感心させてこそ、思考力をアピールできる。そのためには、できるだけ掘り下げることだ。たとえば、競争の必要性を言うのに、ただ単に、「競争があるほうが、努力する」と言うのではあまりに当たり前だ。もう少し鋭い根拠がほしい。

たとえば、日本経済の状況、日本文化の特質、これからの情報社会における競争の変質などとからめて考えるといいだろう。また、対策や「歴史的経過」「地理的条件」などを考えてもよい。

▼注意点5 〈第四部 結論〉では中途半端な妥協はしない

日本人の非論理性のもっともはなはだしいのが、中途半端な妥協案だ。

イエス・ノーでは物事は割り切れないという口実のもと、中間案を示そうとする。それをしてしまうと、思考が曖昧になり、意見が中途半端になる。

もちろん、現実的には中間案が必要になる場面も多い。行動に移すとき、反対派を抱き込み、妥協をしながら、一歩一歩実現をはかる必要がある。だが、まずは明確にイエス・ノーをはっきりさせなくてはいけない。自分の理念を明確に示してこそ、論理的な思考になる。

二つの対立する案の良いところだけをとってつなげようとしても、つながるわけがない。一つ一つの案には、背景に価値観がある。別の価値観に基づく二つの案をつなげてしまうと、価値観が失われてしまう。どちらの価値観も生かされず、みんなが不満に思う結果になってしまう。

もちろん、妥協できるところは妥協する。相手の言い分を聞いて、自説の欠点を補うことは考える。しかし、イエスとノーの中間という形は好ましくない。「したがって、イエスである」

というように、イエスかノーかを、最後にはっきり示してほしい。

練習問題4

「ぼかし言葉」について、「論述の型」を使って、あなたの意見をまとめなさい。

解答例1

「――のほう」「――みたい」などの「ぼかし言葉」を使う人が増えているが、私はこのような状況に反対だ。

確かに、「ぼかし言葉」は、物事を杓子定規にではなく、もっと自由に捉えようとする意識の表れという面がある。一見、自由への意欲があるように見える。しかし、「ぼかし言葉」はこれからの社会にふさわしくない。

なぜなら、「ぼかし言葉」は、自己主張せずに、物事を曖昧なままにしておこうという意識にほかならないからだ。自己主張をすると、和を乱す。だから、自己主張せず、イエス・ノーをはっきりさせず、長いものに巻かれ、上手に自分を隠して生きていく。だから、ぼかした言葉を使うわけだ。だが、これからは、自己主張をしっかりして、断定する必要がある。そうすることによって、個人は自由を得ることができる。自分の価値観をしっかりともち、自分らしく生き、自己表現を行える。

このようなわけで、私は「ぼかし言葉」は好ましくないと考える。

解答例2

「のほう」「なんか」「みたい」などのぼかし言葉を、とりわけ若者が多用するといわれるが、私はこのような「ぼかし言葉」はけっして悪くないと考える。

確かに、「ぼかし言葉」の背景にあるのは、自己主張せずに、曖昧なままにしておこうという消極的な意識だ。自己主張が重視され、明晰さが求められる現代社会において、このような言葉づかいをするということは、日本社会が、まだ十分に自己主張を認めるようになっていないことを意味するものだろう。なれあいの日本社会で、「ぼかし言葉」は、若者から自己主張の意欲を奪ってしまうようにも見える。しかし、若者が「ぼかし言葉」を使うことは、むしろ好ましいことと評価してよいのではないか。

なぜなら、若者がぼかし言葉を使うのは、押し付けがましいことを口にしながらも生意気な印象を与えないようにするためである。つまり、自己防衛である。日本という集団の和を大事にする社会において、円滑な社会生活と自己主張の両立を求めるための智恵が、この「ぼかし言葉」にほかならない。このような言葉を使って、若者は前世代の作り上げた集団主義社会において、自分たちの価値観や考え方を上手に主張しているわけだ。

このようなわけで、私は「ぼかし言葉」を否定することはできないと考える。

Ⅲ　より個性的に見せるための高等技術

このような「型」を用いても、もちろん、個性的な思考をすることができる。そのいくつかのパターンを紹介しよう。

■〈第一部　主張表明〉で暴言を吐く

初めに一般に言われているのとはまったく異なること、常識に反するようなことをずばりと言う方法だ。

たとえば、「これからはどんどんと、自然環境を破壊するべきだ」「国際理解が必要だと言われるが、そのようなことは必要ないと私は考える」「学校でのいじめをなくすべきではない」というように、一見「暴言」「妄言」と思われかねないことを語るわけだ。

ただし、そのまま暴言を続けるのでは、まったく説得力がない。まさしく暴言で終わってしまう。過激な意見を「もっともだ」と思わせるだけの根拠が必要だ。逆説で印象づけておいて、妥当な意見にだんだんと修正していく。

「これからはどんどんと、自然環境を破壊するべきだ」と言い始めたのなら、その後少しずつ修正して、「自然破壊することによって、自然の大事さが身にしみる。もっと破壊が進んで、自然の大事さを心の底から知らなければ、人間は自然破壊を止めない」というように話を運ぶ。

あるいは、「国際理解が必要だと言われるが、そのようなことは必要ないと私は考える」と言い始めたら、「なまじ理解しようとするから衝突が起こる。初めから外国人とは理解しあえないと諦めて、その上でお互いに立ち入らない領域を作ってこそ、共生できる」というように語る。「学校でのいじめをなくすべきではない」と言い始めたら、「いじめによって人間は成長できるのであって、いじめられない人間はろくなことにはならない。どしどしいじめをして、いじめが日常的になれば、自分だけがいじめられていると思って自殺する人もいなくなるはずだ」などと続ける。

場合によって、おもしろい考えを導き出すために、とりあえず人と反対の意見を想定して、そのあとで何とかこじつけようと考えるのもよいだろう。そうすることによって、思いも寄らなかった新しい発見をすることがある。

なお、このような思考法の模範となるのは、評論家・呉智英氏の書かれる文章だ。ぜひとも、氏の『封建主義者かく語りき』（双葉文庫）などの著書を読まれることをお勧めする。

ただし、このテクニックを用いると、よほどの確信と力がないかぎり、威勢よく始まったわりにはだんだんと当たり前になってしまう傾向がある。そうならないように注意が必要だ。また、この方法をあまり多用すると、すぐに底が知れてしまうので、取って置きのテクニックとして使うほうがよい。

しかも、この方法を用いる場合は、一人で長い時間話す機会に恵まれている必要がある。これを途中でさえぎられてしまうと、言いたいことが言えないまま話が中断してしまって、悲惨なことになるので、それは覚悟しておかなければならない。

■〈第二部　意見提示〉は「決まり文句」で懐の深さを示す

次のようないくつかの決まり文句を使って、〈第二部　意見提示〉を深めることができる。何はともあれ、このような決まり文句を「型」として口にする。そして、内容はそのあとに考えていく。そうすれば、自然に、考えがまとまるはずだ。

▼**「確かに、それは偶然に見える。しかし、実は必然だ」**

物事は偶然に起こっているように見えて、実は、関連があることが多い。社会は網の目のような因果関係で動いている。したがって、同時代に近くの場所で起こったことは、ほとんどの場合、関係がある。

たとえば、ある企業の製品に粗悪品が混じっていることが発覚し、同時期に、その企業の社員が何らかの犯罪で逮捕されたとする。おそらくその二つの事柄の間には、企業倫理の低下という背景があるだろう。石油価格高騰などの同じ経済的な原因によって、日本とアメリカで同じような事件が起こることもあるだろう。

現実社会では、様々なことが関連をもっている。それを指摘して、おおもとの原因を探ろうとするのは、知的な作業と言っていいだろう。したがって、「それは偶然に見えて、実は必然だ」と口にしたあと、それがどんな背景をもっているかを口にすると、議論がより深まるだろう。

▼**「確かに全体的には好ましい。しかし、いくつか問題点がある」**

ある事柄を全面的に肯定するのは、決して好ましいことではない。それでは、あまりに発展がないではないか。たとえ目上の人の意見であろうと、そこに問題点を見つけ、それを解決してこそ、建設的な意見になる。

したがって、全体的には肯定するにしても、部分的に問題点を指摘する必要がある。そうすることによって、事柄の問題点を明確にし、自分の知性をアピールする。

何はともあれ、「全体的にこれでよいが、いくつか問題点がある」「ほぼ、これでよいと思うが、問題点がなくはない」「大まかには異存はないが、多少の問題を感じる」などの言い方ができる。

▼「確かに○○の面からは好ましい。しかし、△△の面からは好ましくない点がある」

「これまでの延長線上で考えればイエスだが、将来のことを考えれば、ノーだ」「国内的にはイエスだが、国外のことを考えれば、ノーだ」というように使う。もちろん、逆に、「○○の面からは反対だが、△△の面からは賛成だ」というパターンでもよい。

こうすることで、多面的に物事を考え、同時に多面的な見方のできる知性をアピールするわけだ。

ただし、もちろんイエスとノーの両方の意見を示すだけでは、最終的にどちらに賛成なのかはっきりしない。したがって、「これまでの延長線上で考えればイエスだが、将来のことを考えれば、ノーだ」と語ったあと、きちんと、「これからは、将来のことを中心に考える必要がある」というように、自分の立場を示す必要がある。

■〈第三部　根拠〉で深く切り込む

〈第三部　根拠〉でも、〈第二部　意見提示〉で行ったのと同じように、口ぐせを使って思考を深めることができる。これまで〈第三部　根拠〉は「なぜなら」で始めるように言ってきたが、高等技術を用いる場合には、少し独自性を出して、「なぜなら」以外で始める方法もある。

▼「原因は――。したがって対策は――」

何かを分析するとき、まずはその原因を考えるのが原則だ。部長がなぜあのような態度をとるか、なぜ日本経済は現在のような状況にあるか、なぜ日本の教育制度は今のようになっているのか。そうしたことをまず「原因は――」で明確にする。

だが、それだけでは不十分だ。物事を提言するときには、対策を示す必要のある場合が多い。原因を特定して、その原因をできるだけ取り除く方法を考える必要がある。そして、そのために具体的には何をするかを考えるわけだ。

ただし、多くの場合、対策をたてると、「副作用」が起こることが多い。別の弊害が出てくるわけだ。したがって、いくつかの対策のうち、もっとも害が少なく、もっとも簡単に実行できる方法を考えなければいけない。

▼「理由は三つある」

自分の意見を言ったら、そのあとには必ずその根拠を言うのが原則だ。もちろん目下の人に命令する場合には、ときには根拠を言わなくてもかまわないが、目上、あるいは同僚に対しては、根拠を示すのが原則だ。しかし、その根拠が一つでは少しさびしい。できれば、三つほどあると望ましい。

まず先にずばりと、「理由は三つある」と言っておくわけだ。三つ思いついていなくてもかまわない。とりあえず、「三つある」と言っておく。そして、話しながら、三つを考える。

もしどうしても、三つは無理だと思ったら、「二つある」と言っておくのもいいだろう。あるいは、「四つある」と言ってもいいだろう。ただし、「三つある」と言っておいて、二つしか思いつかなかったとしても、四つ思いついたとしても、それはそれであまり気にする必要はないだろう。

いずれにせよ、こう言うことで聞き手にわかりやすく説明できる。多くの人にマスターしてほしい口ぐせだ。

▼「それは日本社会のあり方（現代社会のあり方、わが社のあり方）に原因がある」

いろいろな出来事は複雑に入り組んでいる。現在起こっていることは、すべて社会のあり方とからんでいる。「競争」ということをとっても、それは、現代社会のあり方、日本社会のあり方と結びついている。それを指摘して、その関係を分析する。

たとえば、競争のあり方は、グローバル化という世界の状況とからんでいるだろう。グローバル化して、日本企業は世界の企業と競争する必要がでてきた。そのために、今、競争が問題になっている。また、日本はもともと集団主義的な傾向が強く、和を大事にして遠慮をし、自己主張しない。だから、競争を良くないものとみなし、横並びにしようとする。そのような分析を示すわけだ。

このように、第二章で説明した様々な二項対立を思い出して、それとの関連で考えることで、原因を分析できるはずだ。

また、会社内の出来事も、トップの姿勢や企業の理念などが、小さなことにも反映する場合が多い。たとえば、トップが企業倫理に欠けていれば、末端も企業倫理に欠けるだろう。末端の会社員が海外にばかり目を向けて国内を軽視する傾向があるとすれば、そういう体質が会社全体にあるということだろう。

このように、全体のあり方は部分にも反映する。それを分析して、因果関係を明確にする。そうすることによって、様々な出来事を解決するヒントを得ることができるだろう。

▼「そもそも——とは——」

「メモの型」にもあったように、「そもそも——とは——」と口に出して、本来あるべき状態や定義を示し、それが実際には歪められていることを示し、その原因を考える方法だ。ここでは、それを切り札に用いる。たとえば、「そもそも競争とは、個人と個人が自分らしさを目指して競争するものだ。だが、現在の日本の競争は、みんなが同じものになろうとするための競争になっている」などと言ってみる。

あるいは逆に、そのような定義を肯定的に用いて、「そもそも――とは――であるのだから、今の状態で好ましい」という方向でも語ることができる。

いずれにせよ、このように問題となっている事柄を根本から考え直して、判断の根拠にする。場合によっては、鋭く状況を読み解くことになるはずだ。

バカに見える会話　パート1

これまで、論理的な会話術について説明してきた。ここでは、反対にヘタな会話について説明しよう。

人前で話をするとおろかに見える人がいる。会議の席で発言すると、周囲の人をしらけさせ、結婚式で挨拶をすると、みんなが失笑し、誰も話し掛けてくれなくなる。そんな人がいるはずだ。

それは、話に魅力がないからだ。いや、それ以上に、話に知性を感じないからだ。そこで、つい陥りがちなおろかな会話をあげてみよう。

道徳的説教ばかりする

何かというと、話を道徳的にし、「心が大事」「真心をもって行動していれば、誰かが見てくれる」と精神論にしてしまう人が多い。「自分たちが若いころは、死に物狂いで働いたものだ」などと、昔話とからめての説教が多いのも、この種の人たちの特徴だ。また、この種の人たちがまとまった話をすると、最後にことわざでしめくくることもある。「朱に交われば赤くなると言われるのだから、朱と交わらないようにしなくてはいけない」とか、「チリも積もれば山となるんだから、これからはチリでもチリと思わずに、努力しなければいけない」というように。

現代社会は精神論や道徳では解決できるものではない。すべてを道徳で考えるということは、いかに社会を理解していないか、いかに硬直した考えを周囲に押しつけようとしているかを示している。

このような話し方は、かつて先生が子どもに説教するときによく見られた。今では、子どもたちさえ、このような口ぶりにしらけ、こんな話をする先生の時代遅れにあきれているのだ。

具体性のない理想論をぶつ

空疎な理想論を壊れたテープレコーダーのように繰り返すだけなのも、もっともおろかな会話の典型だ。

もちろん、理想は必要だ。教育者は、誰もが学びたいという心をもって自主的に学べるような教育を理想にしてほしい。食品会社は、衛生的で健康に役立つ食品によって日本社会の生活と食文化に貢献するという意識をもってほしい。レコード会社は、売れる音楽だけでなく、売れないクラシックの名盤も出すという理想をもってほしい。が、そのような理想論をぶつだけでは、意味がない。

理想を実現するためにどうするべきかという具体的なことも考える必要がある。同時に、世の中、理想ばかりではうまくいかないことも知っておく必要がある。理想を実現するには、妥協せざるをえないのが大人の世の中だ。それを否定してしまったのでは、あまりに子どもっぽい。

少ない情報で決めつける

少ない情報で決めつけてしまうのも、おろかさを自分できわだたせてしまうことになる。まだ何もわかっていないのに、そして、証拠は何もないのに、こうに違いないと決めつけてしまう。テレビニュースで殺人事件が報道されると、「きっと、犯人はこの人の夫だ」と断言する。ワイドショーで芸能人の離婚が話題になると、「きっと、離婚原因は、妻の座に我慢ができなかったからだ」などと確信する。ミステリードラマなどで、主人公の名探偵のほかに、無能な刑事などが道化役として登場し、無実の人を犯人とみなして責めたてたりするが、その種の人物だ。

もちろん、この種の人のカンが正しいこともあるだろう。確率的に、その人の言うとおりであることも多いだろう。しかし、様々な状況、様々の場合がある。新しい情報が一つ入るだけで、まったく意味が違ってくることがある。できるだけ情報を集めてからでないと、しっかりした判断はできない。情報を集める努力をするべきであって、少ない情報で決めつけるべきではない。

他人の考えをうのみにする

他人の考えをうのみにしてしまうのも、バカだという印象を与えてしまう。疑うことを知らず、すぐに人の言うことを信じてしまう。友だちの自慢話も、人の悪口も信じる。立場によって、物事は違って見えること、様々な価値観があることを考慮せず、人の意見をすべて信じてしまう。この種の人は、テレビで放送している血液型占いも星座占いも、幽霊もUFOも信じる。

いや、それどころか、メディアにある種の偏りがあることも考慮に入れず、すべてうのみにしてしまう。たとえば、テレビは、報道する側の主張に合わせてインタビューを調整しているかもしれない。とりわけ娯楽番組では「やらせ」が横行しているだろう。番組をおもしろくするための仕掛けがあるだろう。そうしたことを疑わず、そのまま信じてしまう。

それだけならまだしも、スポーツ新聞に書かれていることをそのまま繰り返すだけのスポーツ談義をする。すでにみんなが知っているありふれたことを、さも自分の発見のように語る。そんな人は素直な良い人かもしれないが……。

すぐに感動し、感心する

何かというとすぐに感動する人がいる。テレビで恵まれない人が努力をしている様子を見ると感動し、病気で苦しんでいる人の話を聞いても感動する。

あるいは、すぐに感心してしまう人もいる。討論番組を見ていて、誰かが話をするごとに、「なるほど」と納得してしまい、しきりに感心する。そして、別の人がそれに反論すると、今度はその人に感心する。

もちろん、感動したり、感心したりすることは大事だ。人間、感動を失ってしまってはおしまいだ。だからといって、単純に感動したり感心したりするだけでは、思考は育たない。

感動したり、感心したりするということは、いわば、思考を停止することだ。思考するためには、対象との距離をある程度とる必要がある。距離をなくして、密着してしまったのでは、考えることができない。

第四章　「型」を用いて他者の意見を知的に理解する

Ⅰ　文章と発言、どう理解する？

■他者を理解することの大事さ

私たちは日常的に文章を読み、会話をし、そこで他人の意見を理解している。会議でレポートを読む、ホームページの文章を読む、新聞を読む、手紙を読む、会話の中で意見を聞く、テレビで識者やタレントの意見を聞く、そうしたことを日常的に繰り返している。そのなかの他人の意見に賛成したり、反対したりするのが、自分の意見をもつための基本だ。

だが、相手の意見を取り違えていたのでは、まったく的外れということになる。他人の意見を理解できないのでは、コミュニケーションがとれず、しばしば相手を不快な目にあわせるだろう。あなたの能力にも疑いをもたれてしまう。

もし自分の意見を言うばかりで、相手の意見を理解できなかったら、きっとその人は、独りよがりと思われて知性を少しも評価されないだろう。いつもとんちんかんなことを言う人とみなされてしまう。

逆に、少しも鋭いことを言わない人でも、人の意見をしっかりと理解できれば、その人は、理解力のある人、包容力のある人とみなされて、高い評価を得られるだろう。

したがって、他人の意見を正確に理解することが不可欠だ。それが理解力＝思考力を人に示す第一歩と言えるかもしれない。

ところが、他人をきちんと理解できる人は意外に少ない。早合点してしまったり、自分以外の考え方を認めることができなかったり。いや、そもそも正確に発言を理解し、文章を読み取る訓練をしたことがなかったりする。

では、どのように、発言や文章を理解するか。ここでも、二項対立を頭に置きながら、基本的に「型」を用いることを私は勧める。

■他者の意見は「論述の型」に改めて理解する

第三章で、私は「論述の型」を示した。意見を人に示すときには、この「型」にのっとって考えるように提案した。

だが、それは意見を言うときだけに使われるものではない。「論述の型」は、人間の思考のパターンなのだ。多くの人は、考えるとき、そして、それを人に伝えるとき、そのような「型」を用いる。つまり、文章も、その他の表現形態も、たいていの場合「型」にのっとっているといえる。

もちろん、論説文などでは一〇〇パーセント近く「論述の型」に基づく四部構成になっている。文字どおり、「確かに――しかし――」という文を用いる形になっていることもある。例外もあるが、いずれにせよ、内容的には反対意見を考慮しながら自説を示す構造になっていることが多い。

エッセイなどでは、主張表明が曖昧だったり、また逆に、初めにエピソードなどを長々と書いて、しばらくあとに主張表明が出てくることもある。だが、何らかの形で、「論述の型」の四部構成にまとめられる場合が多い。

いや、文章に限らない。会話の場合は、もちろん「論述の型」に即して行われることは少ないが、きちんとした議論の場合は、ほとんどの会話が、あとから「論述の型」に当てはめることができるはずだ。

初めに何を語るかを明確にし、反対意見を考慮しながら自分の意見を語り、自分の主張の根拠を説明して、最後に、もう一度まとめるという形をとる。つまり、「論述の型」どおりになっていることが確認できるだろう。

したがって、文章を読むとき、どこからどこまでが〈第一部　主張表明〉か、「確かに――しかし――」というパターンになっているかなどと考えると、文章の構造がわかってくる。とりわけ、文章が難解で歯がたたないように見えたとき、こうした「論述の型」を意識的に当てはめてみると、わかりやすくなることが多い。

■難しい文章も、「論述の型」で理解

次の文章をごらんいただきたい。

これは、平成一一年度に出題された国家公務員Ⅱ種教養試験の要旨把握問題（『国家Ⅱ種教養試験過去問500』実務教育出版）の文章だ。このような、かなり難解な文章を読む場合、「論述の型」がものをいうはずだ。

仮面の装着、すなわち違ったメイクをし、違った服を着こむことによって、わたしたちは自分を、そうありえたかもしれないもうひとりの〈わたし〉へとずらしてしまおうとする。しかしそれは、同時にきわめて危うい行為でもある。

服装を変えればたしかにわたしたちの気分は変わる。気分が変われば、ひととのつきあい方にも変化が現われる。ひとの自分を視る眼が変わる。そうしてわたしは別の〈わたし〉になりきれる――たしかによくできた話である。しかし、こうしたかたちでの〈わたし〉の変換は、〈わたし〉が次第に重力を喪ってゆく過程、すなわち〈わたし〉が消失してゆく過程でもないだろうか。

衣服の取り替えによる可視性の変換を、そして、それのみをてこにして〈わたし〉の変換を企てるというのは、可視性のレヴェルで一定の共同的なコードにしたがって紡ぎだされる意味の蔽いでもって、〈わたし〉の存在を一度すっぽり包みこむことを意味する。そうすると、わたしはたしかに別なわたしになりうるにしても、そのような〈わたし〉の変換そのものは、〈わたし〉が他の〈わたし〉とともに象られている意味の共通の枠組を、いわばなぞるかたちでしか可能とならないであろう。可視性の変換を通じて〈わたし〉はたしかにその位置をずらしていきはするが、それは同時に、自らの位置決定を共同的なものにゆだねることでもある。このとき〈わたし〉の変換は、たぶん定型の反復でしかないだろう。言いかえると、〈わたし〉の変換は共同的なコードによってほぼ全面的に拘束され、〈わたし〉の身体的=可視的な存在は「記号による外科手術」（M・ギュー）を施され、それらの記号の藪のなかに〈わたし〉はすっかりまぎれこみ、他との区別がつきにくくなる。属性だけが残って、〈わたし〉はむしろ消散してしまうことになる。

（出典は鷲田清一『モードの迷宮』ちくま学芸文庫）

この文章は、現代思想特有の用語が用いられているので、とっつきにくいかもしれないが、「論述の型」に改めると、すっきりする。

まず第一段落が「論述の型」の〈第一部　主張表明〉にあたる。一言で言えば、「仮面をつけること、つまりメイクや服で別の〈わたし〉になろうとするのは危険な行為でもある」ということだ。

第二段落が〈第二部　意見提示〉にあたる。「服装を変えればたしかにわたしたちの気分は変わる。――しかし、こうしたかたちでの〈わたし〉の変換は、――」というところに目をつければ、ここがはっきりと「確かに――しかし――」の形になっているのがわかってもらえるだろう。つまり、ここをまとめると「確かに服装を変えれば気分は変わる。しかし、それは、〈わたし〉が消失してゆく過程だ」となる。

次の段落の大半が〈第三部　根拠〉。抽象的な文章であるために少しわかりにくいが、言い換えると、「衣服を取り替えることで、目に見える形（可視性）で自分を変えようとするのは、共同的なコード（社会の人々とともに作っている共通の了解事項）に自分をゆだねているにすぎない」とまとめられるだろう。

「言いかえると」で始まる最後の一文が〈第四部　結論〉だ。ここは、「服装を変えることによって自分を変えようとするのは、〈わたし〉が社会の人にどのように見えるかを考え、自分を社会に従属させることなので、自分はむしろ消散してしまう」とまとめられる。

このように「論述の型」に当てはめることによって、この文章の論理構成がわかる。そして、何を論じようとしているのか、何に反対しているのかが見えてくる。

ところで、文章のメインテーマを正確に捉えるためには、その文章が何に反対しているかを理解する必要がある。文章というのは、何らかの形で異議申し立てをしているものだ。したがって、ほとんどの文章は、「一般にはこう思われているが、私はそれには反対だ」「――という人がいるが、私はそうは思わない」「今、このようなことが起こっているが、それは好ましくない」「まだ知らない人が多いが、こんな良いこと（あるいは悪いこと）が起こっている」という形になっている。

その文章が何に反対しているかを知るためにも、「論述の型」の四部構成に当てはめて考えると、はっきり見えてくることがある。とりわけ、〈第二部　意見提示〉の「確かに」のあとを見ると、その筆者が何に対して譲歩しているか、つまり、何を敵とみなして主張しようとしているかが見えてくることが多い。

そう考えると、この文章が、「服やメイクを変えることで自分を変えることができる」という風潮に反対して、「服やメイクを変えても、共同のコードに身をゆだねるだけであって、自分を変えることにはならない」と語っていることが明確になるだろう。

■質問によって知性をアピールする

ここまで、他者の意見や文章を「論述の型」に当てはめて理解することを説明してきた。だが、もちろん、それだけで、相手の言いたいことのすべてを理解できるわけではない。もう少し突っ込んで考える必要がある。

そのような場合には、まず質問をする必要がある。

質問を、単に「物事をしっかり理解できない人のすること」と考えてはいけない。むしろ、質問というのは、知性をアピールする大きな機会でもある。物事の解決にかかわろうとする積極的行為が質問なのだ。

もちろん的外れな質問をしたのでは、発言に対する理解力の欠如を示すばかりで、周囲の失笑を買うだろう。だが、的外れな質問というのは、ほとんどの場合、発言内容を理解しようとするのでなく、質問にかこつけて自分の意見を言おうとしたり、自分の考えで相手の発言を歪めて捉えている場合が多い。真摯に発言を理解するための質問であれば、誰も不愉快には思わないはずだ。

それに、会議などで質問をしたくなるような場合、実は、理解できずにいる人がほかにもたくさんいると思って間違いない。あなたが、勇気をもって質問することで、みんなが疑問に思っていることを詳しく聞くことができ、ありがたく思う人が多いはずだ。したがって、できるだけ堂々と質問をすることを勧める。

あなたは質問をすることによって、自分の理解の深さを周囲に示すことができる。疑問点を質問することによって、より多くの人に発言者の真意を明確に知らせることができる。そればかりか、ときには発言者の不足を指摘し、暗に批判することもできる。

発言者は決めつけているだけかもしれない。しっかりした論証をしていないかもしれない。発言の中には、ごまかしが含まれているかもしれない。それに気づいて、きちんと質問すれば、より的確な意見を見つけ出す役に立つ。

もちろん、新聞や雑誌に掲載された文章の場合には、直接には質問できない。だが、私は文章であっても、一方通行のものではないと考えている。文学作品は一つの完結した世界であるべきだと私は思うが、それ以外の文章は、直接的に社会への訴えかけを意味する。当然、反論や質問を前提としている。著者は読者の意見によって、自分の意見を修正していって、より良い方向に考えを進めていく。それが、文章の意義だ。

したがって、文章中であっても、不明の点があったら、著者に手紙を出すなどして、質問をするのが望ましい。著者は、それが答えるに値する質問だと考えれば、必ず返事をくれるだろう。

ただし、いちいち著者に質問できない場合には、読みながら自問してほしい。著者に質問するつもりで、意識して読み返してみるわけだ。その文章がとりわけプロの作家の書いた文章であれば、そうすることによって理解が深まるだろう。

質問する内容は、基本的に前章で説明した「メモの型」、すなわち3WHAT3W1Hをベースにするといいだろう。自分が発言するときに頭の中で考えたことを、今度は発言者に向かって発するわけだ。そのほか、発言者は何にどう反対しているのかなど、文章を理解するときに気をつけたことを、意識的に聞いてみるのもいいだろう。

そして、この際も「型」として口ぐせにしておくことを勧める。

▼「おっしゃっている——とは——という意味と考えていいのですか」

発言のキーワードを確認し、その言葉の定義を検証する。こうすることによって、発言の論点が明確になり、理解しやすくなる。同時に、発言者の話のキーワードの意味が曖昧だったり、話が横道にそれたり、論点がぼやけていたりするときに、やんわりと注意する役割を果たす。

▼「今、——ということが起こっていますが、おっしゃったのは、そのようなことでしょうか」

発言者がどんな現象を頭に置いて語っているのかを確認するための質問だ。たとえば、発言者が「競争」という言葉を使って、それに賛成していたとしても、具体的に何を頭に置いているかによって、「競争」の意味は違ってくる。企業における競争なのか、教育における競争なのか、個人と個人の競争なのか。そうしたことを明確にするわけだ。

たとえば、「今、保険業界などで日本の会社とアメリカの会社で熾烈な競争が起こっているようですが、おっしゃっていることは、そのような競争のことなのでしょうか」というように使う。

このように質問することによって、発言者の言い足りなかった具体的な内容を示すことができる。発言内容を明確にするばかりか、相手の発言に具体性が不足していることを暗に指摘できる。

▼「——というような動きがあります（ありました）が、それをどう考えますか」

外国の状況、ほかの地域、ほかの会社の状況などを考える。または、歴史的状況などを考える。「外国でこのようなことをしているが、それをどう考えるか」「かつてこのようなことがあったが、それをどう考えるか」について尋ねるわけだ。

たとえば、発言者が「もっと競争意識を強めるほうが、経済が活発になる」と主張している場合、「北欧などでは、福祉を重視した結果、競争が弱まったわけだが、それをどう考えるか」と尋ねて、発言者の意見をより明確にする。

また、この形を使って、発言者の主張と矛盾するような外国の状況や歴史的状況を示して、それに対する意見を発言者からひき出すこともできる。発言者が「競争意識が強くなると、足の引っ張り合いになるので、競争は良くない」と主張している場合、「北欧などで、福祉を重視した結果、競争が弱まって、経済も停滞し、自殺する人間が増え、社会に活力がなくなったと言われるが、それをどう考えるか」と尋ねるわけだ。ただし、この場合、時として真っ向から発言者の矛盾を突く形になるので、そのつもりで質問する必要がある。

▼「それには、どのような対策があるのでしょうか」

何かを提言するとき、具体的対策が必要だ。対策のない案では説得力がない。したがって、発言者が何かを提言したら、それにどのような対策があるのかを質問してみる。もしかすると、発言者は、対策を考えていたが明確に言う時間がなくて無理に削ったのかもしれない。あるいは、対策は別の機会に語ろうと思っているのかもしれない。もしくは、対策をまったく考慮していないのかもしれない。そうしたことをはっきりさせるわけだ。

▼「つまり、――という考えに反対なさっているわけでしょうか」

先ほど説明したとおり、何に反対しているかがわからないことには、その発言を本当に理解したことにはならない。したがって、発言者の主張がわかりにくいなと思ったら、意識的に、それが何に反対しているのかを考えるとよい。そうすることで、発言の意味が明確になる。この質問を意識的にすることによって、主張を理解できるはずだ。

ただし、発言者がわざわざ何に反対しているかごまかしている場合には、それを面と向かって聞くと野暮な場合もある。あるいは、それを承知で面と向かって尋ねて、発言者や周囲の反応を見ることもできる。そうした状況を読み取った上で、この質問を発するのが望ましい。

▼「先ほど言われたことには、どのような根拠があるのでしょうか」

発言者はすべてにおいてきちんとした根拠を示すわけではない。決めつけただけの場合も多い。そのようなとき、このように質問して、その根拠を聞く。

発言者は、時間的事情で根拠を省略しただけかもしれない。そんな場合には、この質問に待ってましたとばかりに、根拠を説明するだろう。しかし、発言者は、はったりをかましただけかもしれない。したがって、この質問は場合によっては、発言者に対する激しい攻撃になる。それを理解した上で、試していただきたい。

▼「ご発言の趣旨は、――ということですか」

発言を受けて、このように発言内容を簡単に要約し、メインテーマを明確にする。こうすることで、元の発言が少々要領を得ないものであったとしても、その内容を理解できる。

要約が正確で簡潔であれば、あなたの能力を周囲にアピールできる。同時に、周囲の人々に的確な要約を提供して、それからの論点を明確にすることもできる。また、要約が不正確であった場合も、発言者が訂正する形になって、論理を明確にするのに役に立つ。いずれにせよ、よほど的外れな要約をしない限りは、信頼を失うことはない。

▼「直接には関係ありませんが、――について、どうお考えですか」

これまでの質問によって、文章や発言の少なくとも表面は理解できたはずだ。だが、それだけでは、不十分だ。表面に表れないこと、匂わせているだけのこと、あるいは、発言者本人も自覚していないことまで読み取る必要がある。そのためには、背景にある対立軸を明確にする質問が有効だ。

第二章でも説明したとおり、発言の背景には大きな二項対立がある場合が多い。グローバル化に反対していたり、賛成していたりといった大きな流れの中で発言している。したがって、人の意見を聞いたら、その意見が大きな対立のどちらに属するのかを考えてみる。そして、それを質問によって確かめてみる。

たとえば、発言者が「日本のこれまでのやり方は効率がよくないので、もっと工夫するべきだ」ということを言っている場合、その人はグローバル化に賛成する立場に立っていると想定される。したがって、「現在、グローバル化が進んでいるが、それについてどう考えるか」と質問して、背景の考え方を確かめるわけだ。

このように、背景にどのような二項対立があるかを捉えることによって、その発言の意図が明確になる。背後にある思想も見えてくる。本当の意味で、その発言を理解できる。

▼「ふだん言われていることと、どう関係するのですか」

人の言動は少なくとも外からは矛盾に満ちて見える場合がある。そういうとき、いつもの言動と矛盾はないのか、どのような意図があって、このような発言をするのかを質問するわけだ。

ただし、これは、ときに意地悪な質問になるので、そのつもりで使う必要がある。人間は矛盾した欲望をたくさんもっている。本音と建前が異なる場合もある。立場上、言わざるをえなくて言っている場合も多い。利益のために心にもないことを言うこともある。この質問は、そうしたことを暴くことになりかねない。したがって、目上の人や自分の味方には、このような質問をしないほうが無難だろう。

練習問題5

次の文章を①「論述の型」の四つの部分（「主張表明」「意見提示」「根拠」「結論」）に整理しなさい。そして、②この文章のキーワードは何か、③どんな考えに反対して語っているのかを明確にしながら、④メインテーマを示しなさい。

「日本人は落ちこぼれないための競争をしている」

精神科医の中井久夫さん（甲南大学教授）には、その専門分野に関することはもちろん、もっと広く文化や社会のことに及ぶまで、多くの点で教えられることが多く、時にお会いして話し合うのを楽しみにしている。

先日もお会いする機会があり、そのときに当初の言葉がでてきた。これは、日本人の「競争」の意味について、ズバリと言い切っているもので、示唆するところ大である。

日本人は「競争」という言葉が嫌いらしく、特に教育界の人のなかには、運動会でも、徒競走で差をつけるのはよくない、などとマジメに主張する人がいて呆れてしまう。ところが、最近はアメリカのガイアツで、急に「競争原理」が大切になってきて、「競争に耐える力を養う」などと言い出したが、ここで「競争」の質について考えることが必要と思われる。

私はもともと「競争」は必要と考えている。自分の個性を伸ばし、やりたいことをやろうとすると、何らかの競争が生じてくるし、それによって自分が鍛えられる。ところが、中井さんが指摘しているのは、日本人は、自分のやりたいことをやる、というのではなく、「集団から落ちこぼれない」ように頑張る、極端に言えば、一番になっておけば、まさか落ちこぼれることはあるまい、という「競争」をしている。つまり、競争の基盤が自分自身にあるのではなく、全体のなかにある。「自分はこれで行く」というのではなく、全体のなかで何番か、を問題にする。

後者のような「競争」は個性を磨くよりも、潰すことに役立つのではなかろうか。こんな「競争」には、私も反対である。日本の多くの子どもは「落ちこぼれないための競争をさせられ」て、そのためにキレそうになっているのではなかろうか。

アメリカは日本とは比べものにならない競争社会である。これもどうかと私は思っているが、それはともかくとして、アメリカの競争が、どこかでカラッとしているのは、個人と個人のぶつかり合いであるからだろう。

日本人のように全体が飴のようにくっついて、その飴のかたまりのなかで、少しでも「上位」に行こうとしているのではたまらない。

「競争」のよしあしを論じる前に、その質について考えてみる必要があるだろう。
（河合隼雄「日本人は落ちこぼれないための競争をしている」『中央公論』一九九八年一二月号より／富山医科薬科大学医学部看護学科　二〇〇〇年度の小論文問題を改変）

解答例と解説

①この文章の場合、初めの三つの段落が「主張表明」（ただし、最初の二段落は前置きでしかない）。「日本人は競争を嫌う人が多いが、最近は、アメリカの要請などで、競争が大事だと言われるようになった。では、競争は大事なのか、考えてみよう」というようにまとめられる。

次の段落（私はもともと〜）が「意見提示」。「確かに、競争は必要だ。だが、日本人の競争は落ちこぼれまいとして、全体の中で何番かという競争をしているにすぎない」とまとめられる。

そして、次の三つの段落が「根拠」。「日本人の競争は個性を潰す競争であって、それには反対だ。アメリカのような個人と個人の競争のほうが好ましい」と語っている。

最後の段落が「結論」で、「競争がよいかどうかよりも、どんな競争がよいかを考えるべきだ」と語っている。

②この文章のキーワードはもちろん、「競争」。ただし、筆者は「競争」の意味を二つに分けて考えている。一つは、自分の個性を伸ばし、自分を鍛え、基盤が自分自身にあるアメリカ式の競争。要するに、それぞれの人が別の価値観をもちながら、自分らしくありたいと願ってする競争。もう一つは、落ちこぼれまいとして、全体の中で何番かを気にする日本式の競争。つまり、みんなが同じ価値観をもって、その中で少しでも上に行こうとする競争だ。

③この文章が反対しているのは、落ちこぼれまいとして行う日本式の競争だ。また、同時に、その背景にある日本の集団主義的な考え方にも反対している。

④メインテーマは、「日本式の落ちこぼれまいとする競争は個性を潰す。個性を伸ばす競争をするべきだ」。表面にははっきりとは現れないが、この背景には、日本の集団主義的な考えを改めて、グローバルな考え方を求めるべきだという思想があるだろう。

なお、課題文の最後の文「『競争』のよしあしを論じる前に、その質について考えてみる必要があるだろう」というのは、一言で言えば、「競争を一まとめにして肯定したり否定したりするのでなく、良い競争か悪い競争かという競争の質を考えた上で判断するべきだ」ということであり、言い換えれば、「日本式の落ちこぼれないための競争は悪いが、アメリカ式の個性を伸ばす競争は良い」というテーマを確認している文だと思われる。

練習問題6

問題5の文章に対して、本文一二二ページ〜一三〇ページを参考にして質問しなさい。

解答例

▼「おっしゃっている落ちこぼれまいとする競争とは、みんなが同じ価値観をもって、その中で少しでも上に行こうとする競争と考えてよろしいですか」

▼「これまで日本社会ではみんなが同じような価値観をもってきたことが反省されているわけですが、おっしゃったのは、そのようなことでしょうか」

▼「日本は、これまで落ちこぼれまいとする競争をして、みんなが働き、繁栄してきたわけですが、それをどう考えますか」

▼「落ちこぼれないための競争をやめて、アメリカ式の競争にするには、どのような対策があるのでしょうか」

▼「つまり、みんなが同じような価値観をもって行う日本式の競争に反対なさっているわけ

でしょうか」

▼「先ほど言われた、アメリカ式の個人のぶつかり合いの競争のほうが良いというご意見には、どのような根拠があるのでしょうか」

▼「ご発言の趣旨は、日本式の落ちこぼれまいとする競争は個性を潰すので、個性を伸ばす競争をするべきだということですか」

▼「直接には関係ありませんが、これまでの、みんなで同じような価値観をもって平等であろうとする日本人の傾向をどうお考えですか」

▼「直接には関係ありませんが、様々な点で日本の文化よりもアメリカ式を取り入れようとする傾向をどうお考えですか」

Ⅱ　だまされやすい六つの論理トリック

■ごまかしを見破る

質問によって、もし発言者の発言中のごまかしに気づいたら、それを正すことができる。発言者は、質問に答えるうちに、意識的な、あるいは無意識的なごまかしをあなたに指摘され、ときにはしどろもどろになりながら、自分の主張を裏づけようとするだろう。

だが、厄介なのは、一見もっともらしい論理のトリックだ。世の中には、ついごまかされてしまうようなトリックがある。注意しておかないと、その気になって信じてしまう。そうならないために、ここでは、その種のトリックをいくつかあげてみよう。

▼演繹法トリック

演繹法というのは、一般から特殊を推論する方法のことだ。

実例をあげると、「すべての動物は生物である。すべての人間は動物である」という一般命題から、「ゆえに、すべての人間は生物である」という結論を導き出す論法だ。これはきわめて論理的で正しい結論を見つける推論なのだが、ちょっとしたからくりで、おかしな理屈でも正しく見えることがある。

たとえば、「人間は生物である。二本足で動くのは人間である。したがって、二本足で動くのは生物である」というような理屈だ。もちろん、この結論はおかしい。二本足で動く機械などたくさんあるだろう。そうしたものまでが、生物ということになってしまう。

また、「日本人は物静かだ。田中真紀子は日本人だ。だから田中真紀子は物静かだ」「東大生は優秀だ。○○は東大生だ。だから○○は優秀だ」というような論理は日常的に通用している。気をつけていないと、つい納得してしまうような理屈だと言っていいだろう。

こうしたことは、「イコール」の使い方の曖昧さによる。「すべての動物は生物である」というとき、厳密な意味で「動物＝生物」ではない。もし、厳密な等式が成り立つのなら、これらの理屈はすべて真ということになるだろう。だが、実際には「AはBである」と言われるとき、「AはBに含まれる」という意味のことが多い。そのため、逆は真でなくなる。「人間は二本足だ」というのは、正確には「人間は二本足のものの一種だ」という意味にほかならない。だから、「二本足のものは人間だ」ということにはならない。

こうしたことに気をつけて、他人の意見を聞く必要がある。

▼帰納法トリック

帰納法というのは、「ソクラテスは死んだ。ベートーヴェンは死んだ。三島由紀夫は死んだ。ゆえに、人間はみんな死ぬ」というタイプの論理のことだ。つまり、実例をいくつかあげ、その共通点を結論として導き出す論理と言っていいだろう。

帰納法は、きわめて有効な思考法ではあるが、これも、ときにトリックとして用いることができる。たとえば、「フランス人のジャックは自己主張が激しい。フランス人のイザベルは自己主張が激しい。フランス人のパトリスは自己主張が激しい。だから、フランス人のアランも自己主張が激しいはずだ」という論理だ。こうした推論は、日常的に用いられているが、しばしば当てはまらないことがある。なぜなら、これはこれまでの経験を一般化し、それを普遍的真理とみなしてしまうからだ。

したがって、こうした論理が主張の裏づけに用いられるときには、気をつける必要がある。

▼平均トリック

「平均」という言葉がよく使われる。しかし、これほど怪しい言葉はない。

かつて、私はテレビニュースで、数百人の東大生の顔を合成したという「平均的な東大生の顔」というのを見たことがある。そのしばらく後で、数百人の犯罪者の顔を合成したという

「平均的な犯罪者の顔」を、別のニュースの時間に見た。かすかに「平均的な東大生の顔」を記憶していた私は、それが「平均的な犯罪者の顔」にきわめてよく似ていることに気がついた。そして、一瞬、「もしかして、東大生というのは、犯罪者顔なのだろうか」と思ったが、もちろん、そんなことはない。

東大生だろうが、犯罪者だろうが、ある特定の職業についている人であろうが、たくさんの人の顔を総合して平均化すると、どれも同じような顔になるに決まっているのだ。

つまり、何かの平均といっても、その本質を表しているわけではない。本質は、平均から離れたところにあることが多いわけだ。

したがって、次のような場合が起こってくる。

次のグラフ（早稲田大学人間科学部　一九九一年度小論文入試問題の一部）は、年齢とともに「ゆとり」をどのように感じるようになるかを示したものと、年齢別自殺死亡率を示したものだ。

このグラフから、「六〇歳を過ぎて高齢になると、だんだんと精神的、経済的、時間的余裕を感じるようになる。そして、それと比例して、自殺する人も増えている」という見方ができる。これをそのまま信じると、「六〇歳を過ぎると、だんだんと精神的、経済的、時間的余裕を感じるようになって、それと同時に自殺する人も増えてくる」ということになる。つまり、

「ゆとりをもつとともに、自殺する人が増える」——言い換えれば、「ゆとりがありすぎると自殺する」ことになる。

だが、はたしてそう言えるだろうか。このグラフに現れていることが事実だとしても、もしかすると、まったく逆に、六〇歳以上の人のうち、自殺しているのは、ゆとりのない人たちかもしれない。周囲の人にゆとりがあるのに、自分たちにはゆとりがないために、自殺をしているのかもしれない。つまり、グラフ1でゆとりをもつ人々と、グラフ2で自殺をする人々は、

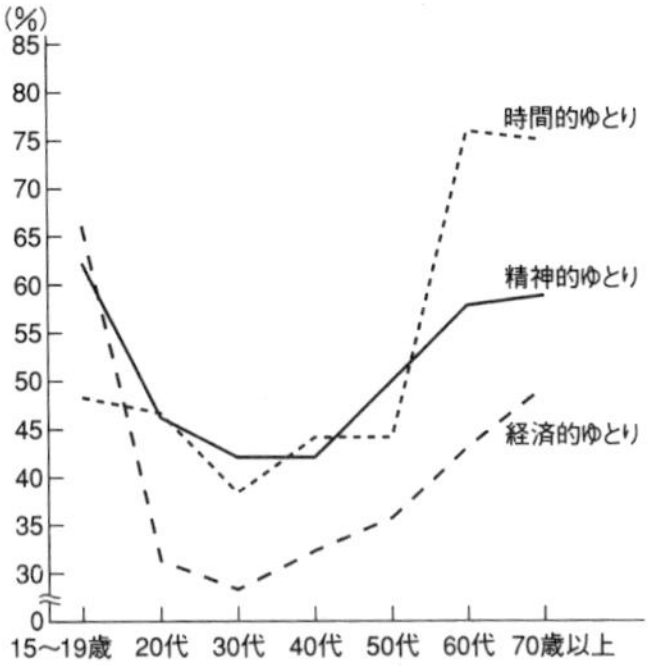

1　男性の各年齢でゆとりを感じている人の割合

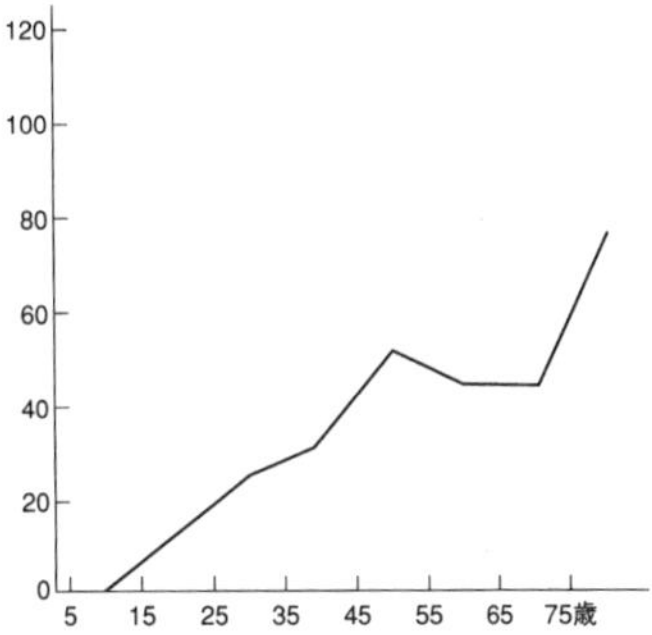

2　男性の年齢別自殺死亡率（人口10万対）

別の種類の人々かもしれないのだ。そのことは、このグラフからはわからない。

このように、平均や統計には気をつける必要がある。

▼偽りの因果関係トリック

もう一つ、世間でよく言われることには、因果関係が逆のものも多い。

たとえば、大成したスポーツ選手などが、「努力すれば、必ず報われる」とよく語っている。だが、これも信用できない。なぜなら、このように言う人のほとんどは、努力の末に成功した人だ。結果から過去を見て語っているにすぎない。これでわかるのは、成功した人がかつて努力したために現在の能力を発揮できたということでしかなく、努力すれば成功するということではない。きっとその陰に、その数十倍、いや、数百倍の、努力しながら報われなかった人がいるはずだ。

そのほか、差別やいじめに用いられるのも、同じような論法だ。

差別を受ける人々は、社会的にも高い地位に就けず、経済的に貧しい。教育も受けられず、しばしば犯罪を犯すしかない状況にある。差別をする社会が、そのように仕向けた結果として、そうなったにすぎない。ところが、しばしばそのような性向が、差別を受けている人々のもって生まれた性格だとして、先入観が作られてしまう。

これも、結果と原因が逆転している例だろう。
あるいは、因果関係のないところに無理やり因果関係を作るトリックもある。典型的なのは、いんちき宗教の論理だ。

「霊験あらたかなツボ」を買ったあとに、めでたいことがあると、すべてツボのおかげにされる。不幸が続くと、ツボを買わなかったせい、あるいは、ツボをそれにふさわしく扱わなかったせいということになる。

すべてに利くとされる万病の薬を飲んだあとに病気が治ったとする。それは薬のせいではなく、もしかすると時間がたったために自然に治ったのかもしれない。

このように、偽りの因果関係を作って、物事を説明しようという論理トリックも、よく見られる。

▼考えれば当たり前の論理トリック

そのほか、よく考えれば当たり前の論理トリックがしばしば使われている。

二五年ほど前、フランスに初めて行ったとき、私はフランスの物価は日本よりもずっと安いと信じていた。なぜなら、そのころしばしば、新聞に、「日本は物価が高く、世界でいちばん住みにくい」などと報道されていたからだ。だが、フランスに行ってみて驚いた。当時、一フランが六五円だったせいもあるが、何もかもが高かった。私の感覚では、すべてが日本の二倍の値段だった。それなのに、なぜ「日本は物価が高く、世界でいちばん住みにくい」などという報道がなされていたのか。

その後も何度か同じような新聞記事があったので、今度は気をつけて読んでみると、「日本は、牛肉もミルクもチーズもパンもワインも欧米の諸都市の数倍する」というようなことが書かれていた。もうおわかりだろう。

これらは、欧米の人々の必需品だ。日本で欧米風の生活をしようとすると、高くつくのは当たり前だ。パリに行って味噌汁を飲み、刺身を食べ、日本酒を飲もうとしたら、ものすごく高くつくに決まっている。それと同じで、欧米人が日本で欧米風の生活をすれば、高くつくのは当たり前なのだ。

そのほか、「夕方、交通事故が多い」(夕方は交通量が多いのだから、交通事故も多くて当然)、「朝夕、歩行中に交通事故にあうのは圧倒的に子どもが多い」(これも、朝夕、子どもが学校への行き帰りに歩いていることが多いので、当然)などといったことが、あいかわらず、新しい発見のようにテレビなどで報道される。しかし、これらはどれも、考えてみれば当たり前のことなのだ。

このようなことをうのみにしないようにする必要がある。

▼データの不足

データの絶対数が不足している場合も気をつける必要がある。たとえば、「最近、日本語をうまく使えない人が多い」と言う場合、「ここ二年間に入社した新人が漢字が苦手だった」というだけのデータでは、たとえその統計が正しくても、それで周囲を納得させることはできない。たまたま、そういう結果になっただけかもしれない。もっと大きな数のデータをとれば、そんなことは言えないかもしれない。データの数が少なければ少ないほど、偏った結果が出るものなのだ。

また、もう一つ多いのは、調査の対象が偏っている場合だ。

たとえば、住民一万人にアンケートをとって、「コンピュータ化を推し進めるのに反対」という声が圧倒的だったとする。だが、その一万人というのが、高齢者の多い地域でのアンケートだとすると、高齢者は若い人に比べてコンピュータが苦手なのは当然なのだから、それをそのまま信用することはできない。

また、アンケートの場合、質問の仕方によって答えが変わってくる。たとえば、「今の日本人は何を重視して生きているか」というテーマのアンケートで、「あなたはお金が何よりも大事だと思いますか」と問われて、「はい」と答える人はまずいないはずだ。ほとんどの人が、見栄を張って、「いいえ」と答えるだろう。「あなたは民族差別をしていますか」と尋ねても、むしろ、差別意識をもっている人のほうが、「していない」と答えるだろう。

練習問題7

次の意見のごまかしを指摘しなさい。

①最近の子どもたちの学力は下がっている。その証拠に、私の勤める私立高校で、川端康成の小説を題材にして一〇年前とまったく同じ国語の問題を出したところ、平均点は五点も低かった。

②クラシック音楽愛好者は、男性よりも女性のほうが多い。毎月、M市のホールで第二・四水曜日の夕方六時半からコンサートが行われる。今月はショパンの曲を集めたピアノ・リサイタルと、ロシアの貴公子と呼ばれるヴァイオリニストのリサイタルがあったが、ともに女性客が七〇パーセントを越した。

解答例

①その私立高校のレベルが下がっているだけかもしれない。また、一〇年前の生徒のほうが、川端康成の小説と時代が近いため、その問題を理解しやすかっただけかもしれない。これをもって、最近の子どもの学力が下がっているとは断定できない。

②ショパンは女性にファンの多い作曲家だ。また、貴公子というからには、ハンサムな男性ヴァイオリニストと思われるが、そのことからも女性ファンが多いと考えられる。しかも、平日の夕方六時半では、男性のほとんどは仕事でコンサートに行けないだろう。ほかの作曲家や演奏家、ほかの時間帯では、まったく違う結果が出るかもしれない。たとえば、ブルックナーの交響曲の演奏会が週末に行われたなら、八〇パーセント以上が男性客かもしれない。また、CDの購買、音楽雑誌の購読などを見れば、男性客のほうが圧倒的に多いということも考えられる。

第五章　「型」を用いて知的に反論する

Ⅰ 「論述の型」を使って反論する

■反論力の必要性

日本では反論を「反旗を翻すこと」と考える風潮がある。目上の人に不用意に反論すると、敵とみなされてしまわれかねない。少なくとも、生意気とみなされて生活しづらくなることがある。

だが、たとえ、目上の人であっても、仲間であっても、反論はどしどし行うべきだと私は思う。反論するというのはきわめて建設的な行為だ。人の意見に反論するということは、その意見の不足分を補い、より好ましいものにするということだ。会議などで反論を遠慮していたら、外部から批判されるとすぐに壊れるような意見が合意を得てしまう。

もちろん、上司や味方に対しては反論しないほうがよい場合もあるだろう。しかし、敵に対しては容赦のない反論が有効だ。適切な反論をすれば、敵はもう一言も言えなくなることさえある。それまでの長い発言や長い文章が、一言の反論で無意味になることさえある。

反論は思考力をアピールするのに、もっとも適した方法なのだ。とりわけ、みんなが納得するような意見が提示されたとき、思ってもみないような反論を言う。その反論に説得力があれば、あなたはかなりの思考力をアピールできるはずだ。

反論する力を磨くことによって、様々なことを自分の方向に引き寄せることができる。様々なことの問題点を指摘して、新しい方向に向けることができる。

とはいえ、反論の糸口を見つけられないときや、相手の主張のほうにより説得力があるときは、反論にこだわらずに、イエスで応じるほうがよい。だが、イエスで応じるにしても、反論を考えることは役に立つ。反論を考えてみたからこそ、イエスの論を確信することができる。反論に対して、それに説得力がないことを指摘すれば、イエスの論になるからだ。

いずれにせよ、まずは反論するつもりで考えること。そのように批判的に考えてこそ、建設的な考えになる。

ただし、もっとも危険なのは、反論のつもりで力説していたのに発言者の主張とかみ合っていなかったという場合だ。それは的外れな反論ということになり、周囲に、物事を歪んで捉える人という悪評をたてることになりかねない。そうならないように十分に気をつける必要がある。

■「反論の型」とは？

では、どのように反論をするか。

もっとも基本的なのは、自分の意見を言うときと同じように、次のような「論述の型」を用いて反論することだ。これを、特に「反論の型」と名づけよう。

第一部　反対意見表明

「私は――に反対だ」の形で、ズバリと、発言者に反対であることを示す。

第二部　意見提示

「確かに――しかし――」のパターンで言う。「確かに」のあとで、発言者の意見を考慮しながら、「しかし」で切り返して自分の意見を明確にする。たとえば、発言者が「競争は好ましくない」と語っているとき、「確かに、競争には好ましくない面もある。たとえば、こんな○○な面だ。――しかし、競争には好ましい面が多い」と語る。

第三部　根拠

「なぜなら」で始めて、自分の意見の根拠を示す。場合によっては、そのあと、それを実現するための具体的対策を示すこともある。

第四部　結論

「このようなわけで」で始めて、自分の意見を確認する。

たとえば、次のような具合だ。

私は、「教育においてももっと競争を重視するべきだ」という意見に反対だ。確かに、競争をすることによって、能力が開発され、個性が育つ傾向があるだろう。競争をむりやり抑制するべきではない。しかし、だからといって、競争を促すべきではなかろう。なぜなら、競争は子どもの心に傷を残すからだ。競争を重視すると、子どもの心がギクシャクしてしまう。これからの社会では、競争し合うことよりも、思いやりをもち、人と人が支え合って生きていくことが好ましい。できなくてもよい、無理をしなくてよい、という考えのほうが、みんなが自分らしく生きることができる。このようなわけで、私は、競争を重視することに反対だ。

「反論の型」を用いて反論する場合、次の点に注意する必要がある。

■「反論の型」を使う場合の注意点

▼注意点1　発言者の主たる主張に反論する

まずはしっかりと発言者の主張に対して反論することだ。もし、主張ではないところ、たとえば、ほんの少し例としてあげただけのことについて反論しても、それはあまり効力をもたない。むしろ、主張を理解できなかったとみなされたり、単にケチをつけているだけとみなされてしまう。よほど腹に据えかねたとき以外は、それについて触れるべきではない。たとえ、触れたとしても、すぐに話を発言者の主張に戻すべきだ。

▼注意点2　「確かに」を上手に使う

反論をするとき、相手が目上の人である場合、機嫌を損なわないで言い負かさなければならない。そこで大事なのは、「論述の型」の項でも述べたように、上手に「確かに――」を使って、相手の顔をたてることだ。「確かに、おっしゃるとおりです。しかし、それを実行しようとすると、どうしてもうまくいかず、別の方法を考えるしかないのです」「確かに、そのような考えもあると思うのですが、今の世の中は、部長のころと違って、社員たちは根性をもっていないので、部長のおっしゃることを実行しようとしても、ついてきてくれないんです」などと、何らかの形で相手をもち上げるのも、うまい方法だ。

▼注意点3　対立軸を見極めて反論する

第二章で説明したように、発言者の意見を聞くときには、対立軸を頭に置いて理解する必要がある。対立軸を設定することで、その意見がどの方向なのか、どのようなところに位置するか、だいたいわかるものだ。

したがって、反論するときも、その対立軸に基づいて反論を考えるわけだ。

発言者が、「もっと日本の企業は競争を重視して、効率化をはかるべきだ」と語っているとする。その人は基本的には、競争を重視するグローバル化賛成の立場にいると考えられる。それに対して真っ向から反論するとすれば、反グローバル化の側からの反論だ。「もっと、日本的なやり方があってよい」という方向から、反論できる。

こうすることで、発言者の意見の背景までも視野に入れた、ある意味で奥の深い反論ができる。「競争を重視するべきではない。競争すると労働者はゆとりをなくす」という直接的な反論だけでなく、「グローバル化の弊害」や「市場経済の毒」など、その発言者が口にしないままでも背景としてもっている思想について反論できる。

練習問題8

問題5の文章（一三一～三ページ参照）に対して、「反論の型」を用いて五〇〇字程度で反論しなさい。

解答例

私は、筆者の意見に反対である。落ちこぼれまいとする競争も悪くないと考える。（反対意見表明）

確かに、落ちこぼれまいとする競争が激化すると、ますます画一化が進み、多様な価値観が育まれないという傾向はあるだろう。日本は画一社会であるため、価値観が一律で、独創的な考えが育ちにくいといわれる。このままではそのような傾向がもっと激しくなる恐れがある。だが、だからといって、落ちこぼれないための競争が悪いとは言えないのではなかろうか。（意見提示）

落ちこぼれないための競争をしているうちに、自分の個性に気づき、それを伸ばしていくというのが、そもそも日本的な競争の基本的なあり方である。アメリカのような人種も国籍も宗教も、ときには言語さえも様々である国では、多様な価値観をもつのが当然にしても、日本のような同質性の高い国では、誰もが同じような価値観をもたざるをえない。日本社会では、みんなが同じような望みをもち、落ちこぼれないための競争を行う。その競争によって自分の地位を築き、自分の個性や能力を見出す。そうすることで、自分と社会の発展を実現するのである。競争のあり方だけを表面的にアメリカ式に改めても、日本でそれが定着するとは考えられない。（根拠）

私は日本においては落ちこぼれないための競争が、人々の個性と国の発展をもたらすと考える。競争をアメリカ式に改める必要はない。（結論）

Ⅱ「メモの型」を使って反論する

■反論のテクニック

もちろん、発言を読み取るときに用いた３ＷＨＡＴ３Ｗ１Ｈという「メモの型」も、反論するのに役立つ。こうした項目を考えることで、発言者の意見を検証することができ、その問題点が見えてくる。日ごろから批判的に読み取るくせをつけていれば、自然に反論は口に出るようになる。

例によって、これについても、口ぐせにしておくとよいだろう。

▼「その言葉の使い方はおかしい」　定義

反論の場合、最初に発言した人の定義に合わせるのが原則だ。発言者の言っている言葉の意味と反論者の意味が異なっていたのでは、議論にならない。

だが、ときに、発言者の言葉の使い方そのものが曖昧なことがある。そんな場合に、発言者の定義に疑問をつきつけるわけだ。

発言者が「競争」について語っているとする。そんなとき、その発言者は、競争を一面的に捉えているかもしれない。同じことをみんなが目指す競争だけを頭に置いて考えているかもしれない。だが、「競争」と言っても、いろいろのタイプがある。みんなで同じ競技をするのも競争だろうが、一人一人が違うことをして、それなりの成果を上げようとするのも競争だ。そんなとき、「私は、競争をもっと広い意味に捉えるべきだと考える」などと言う。あるいは、逆に、「君は競争を広く捉えすぎて、意味が曖昧になっている」などと言ってもいいだろう。

このように、定義を改めて考え直すことによって新しい見方が見つかることがある。そういう視点からの反論は、発言者の意表を突くことになるのでいっそう効果的だ。

▼「現状認識が間違っている」現象

発言者の意見を聞きながら、発言者の捉えている「現象」を明確にして、それが間違いであることを指摘するわけだ。発言者が「現在、日本では競争があまりなされていない」と発言しているとする。それに反論するとしたら、むしろ日本では競争が過熱している状況を考える。そうすることで、発言者の根拠を否定するわけだ。

世の中、様々なことが起こっている。反論しようとすれば、反論の根拠はいくらでも見つかる。発言者の言おうとしているものと別の現象を示すことで、有効な反論になるだろう。

▼「もし、――なったら、どうなるのか」結果

発言者が考慮に入れていない「結果」、すなわち将来的な状況を示して、見通しの甘さ、考慮不足を指摘する。もし順調にいかなかったら、もし予想していないことが起こったら……、といったことを考えるわけだ。発言者が何かを提案しているような場合、突発的なことが起こると、被害が甚大になり取り返しがつかないことを指摘する。

たとえば、発言者が「わが社は競争に勝つために、製品を大幅値下げするべきだ」と主張した場合、「もし、ライバル会社がもっと値下げをしたらどうするのか」「もし、国際情勢などのために原料の値上げがあったらどうするのか」などと反論する。

また、発言者は自分の身の回りのことだけしか考えていないかもしれない。発言者の考えていない状況を指摘して、「君の言うとおりにすると、こんな深刻な事態が引き起こされるが、どうするのか？」ということを示すわけだ。

こうすることで、発言者の提案を改善すると同時に、様々な状況を想定していること、自分が発言者より用心深いことをアピールできる。ただし、起こりそうもないことを次々と心配すると、積極的にことを進めようとしている発言者のせっかくの意思をそぐようなことになってしまう。その点は気をつける必要がある。

▼「それが起こっているのには、別の理由がある」　**理由・根拠**

発言者は、ある事柄を捉えて、自分の主張の根拠にしようとしている。そこで、それが根拠にならないこと、それが起こったのには別の理由があること、を示すわけだ。

たとえば、発言者が「グローバル化した社会では海外の企業との競争が必要になるので、競争力を重視する必要がある」と語っているとする。そのときには、「グローバル化した社会だからといって、競争が大事だということにはならない」と反論する。そして、「これからの社会に競争が必要とされているのは、むしろ少子化のために消費拡大が望めず、企業は生き残りをかけて争う必要があるからだ」などと別の理由を示す。

あるいは、「ゆとり教育のためにゆとりが重視され、競争が軽視されるようになった」と語っているとする。その場合、「競争が軽視されているのは、ゆとり教育のためではない。日本文化そのものが原因だ」などと反論する。こうして、発言者の最大の主張への異議を示す。

▼「かつて、こんなことがあった」　**歴史的状況**

▼「ほかの国（ほかの地方、ほかのグループ）で同じことをしたことがある」　**地理的状況**

歴史的状況や地理的状況を考えて、反論する。発言者は由来を知らずに話しているかもしれない。現在のようになったのには、過去の様々な出来事が影響しているだろう。また、過去に似たことがあって、それは失敗に終わっていたかもしれない。そうしたことを指摘して、発言者に再考をうながすわけだ。

または、地理的状況を考えて、ほかの地域で似たことが行われたことを指摘する。そうすれば、反論の糸口がつかめる。たとえば、発言者が「もっと競争すること」を提唱している場合、競争社会が本当に好ましいか、すでに競争社会になっている国の問題点などを思い浮かべればよいだろう。あるいは、かつて競争が激しかった戦後社会に起こった様々なことを考えてもよい。

▼「対策をとろうとすると、もっと大きな問題に突き当たる」対策

発言者の意見に的確な対策が示されないとき、あるいは、その対策を実行するには無理がある場合、そのことを指摘する。そして、その対策をとろうとするよりは、現状維持か、あるいは別の方法をとるほうがむしろ利益に合致することを示す。

練習問題9

次の主張に対して、根拠を示して反論しなさい。

①中学・高校の外国語教育では、もっと会話を重視するべきだ。大学入試ももっと会話重視であるべきだ。

②現代では多くの人がマスメディアに惑わされて自分の意見が歪められる。もっと自分の日常に即した自分自身の意見をもつべきだ。

③このまま消費を続けると、資源を無駄遣いしゴミを増やして、環境汚染が進む。それを改めるには、エネルギー節約を考えて、ものを買い換えない質素なライフスタイルに改めるべきだ。

解答例

①

▼外国語を学ぶのは、外国語を知ることによって、外国の文化を深く知ることが目的だ。そ

のためには、会話よりもまず正確な文法を知って、文学作品などを読めるようにすることが大事だ。

▼外国語教育の目的は、日本語を相対的に理解し、日本文化を客観的に見ることでもある。外国語の文法を知ることによって、日本語の文法の特性、日本文化の特質を理解できる。

▼書かれた文書というのは、その国の言語のもっとも洗練された結晶である。会話よりも文章によって、いっそう深く外国の文化を理解し、味わい、ときにそれを日本に移入することができる。

②

▼マスメディアは人々を啓蒙する役目を果たしている。自分の日常を見るばかりでは、視野が狭くなり、世界の動きに関連する問題などについての判断ができない。

▼マスメディアの問題提起を無視しては、自分の関心は自己本位になり、独善的になって、普遍性をもたなくなる。

③

▼現代人の多くは、ブランド品によって自己表現をし、ものを買うことによって自己実現を

行っている。そのような消費行動を規制すると、多くの人が精神的満足を得られなくなる。
▼先進国の経済は消費者にものを買い換えさせることで成り立っている。本当に国民が質素な生活を始めると、経済が成り立たなくなり、大恐慌になる。

Ⅲ　禁じ手で相手を言い負かす法

■禁じ手は覚悟して使え！

奥の手とでも言うべき反論法もある。

誓って言うが、私はこれから説明するような禁じ手をほとんど使わない。使うべきでないと考えている。が、しばしば議論相手にこの種のテクニックを使われて悔しい思いをする。使われてばかりでは悔しいので、ごく稀に使う。

私が禁じ手と言っているのは、権力にものを言わせて相手の意見を封じたり、相手のプライベートな弱みにつけ込んだり、何かで誘惑して意見を変えさせるなどの方法ではない。議論の場で感情的に怒鳴ったり、すりかえたり、ごまかしたり、揚げ足とりをしたりする方法でもない。

そうした行為は議論を否定するものであって、建設的な展開にはならない。そこまで汚い手を使わなくても、十分に反論できる。そうしてこそ、周囲の人に人格を疑われることなく、知的に、かつスマートに相手に反論することができる。

そんなわけで、あまりお勧めはできない禁じ手をいくつか紹介しようと思う。常用するのは避けていただきたいが、どうしても自分の意見を通したいときなどさらりと使ってみるのも有効かもしれない。なお、繰り返しておくが、こうした方法を度々使うと、あなたの人格を疑われることにもなりかねないので、使うときには覚悟しておくことを勧める。

▼自分のほうが事情通であることをわからせる

反論として、もっとも有効なのは、相手の知らないところに話を向けることだ。たとえば、相手がフランスについてたいした知識もないのに、「日本と比べてフランスはこうらしい」と話したとき、もしあなたにフランスで暮らした経験があれば、いくらでも反論できるだろう。相手に比べて圧倒的に知識があるからだ。相手としても、これには何も言えなくなる。黙って拝聴するしかない。

相手が会社の新しい企画について語った場合は、「そんなことは、我々がとっくにやってきたことだ」ということを示すわけだ。

このように、自分が知っていて相手が知らない領域に話をもち込むと、圧倒的に有利になる。それが、議論においてもっとも肝心な領域であれば、それに越したことはない。相手が何かを言った場合、自分のほうが詳しい領域を探してみることだ。そして、それ以前に、できるだけ多くの自分の得意分野を作っておくことだ。

▼相手の考えが甘いことをわからせる

反論するには、相手の考えが甘いことを相手にわからせる必要がある。

相手の提案が簡単に実現できる場合もあるだろうが、物事はそれほどうまくいかないことのほうが圧倒的に多いはずだ。したがって、「君が言うほど、ことは単純ではない」「君はまだ事態の深刻さを理解していない」などと反論し、状況の複雑さや深刻さを示すのが、もっとも説得力のある反論法だ。

ただし、あまりやりすぎると、発言者が仕事などへの意欲をなくすことがあるので、その点は注意を要する。

▼先に逃げ道を封じておく

相手が言い逃れをする可能性があるとき、先に逃げ道を封じておくのもうまい方法だ。

たとえば、閣僚の汚職を国会議員が追及するとき、初めから、「企業から賄賂《わいろ》をもらったでしょう？」と問い詰めても意味がない。「そんなことは断じてない」などと答えるに決まっている。あるいは、疑惑の人物と会っている証拠を示しても、「別の用件で会っていた」などと言うのも目に見えている。

そんな場合には、まず疑惑の人物と会った証拠を集めておいて、質問によって、「一度も会ったことがない」と言わせるように仕向ける。そして、そのあとで、会っていた証拠を示す。そうすることで、言い逃れできなくさせる。

それと同じ要領で、先に考えられる逃げ道をふさいでおいて、その方向に相手を導くと有効だ。

▼相手の言えない部分を利用する

どの分野の人々にも、建前がある。たとえば政治家は、「国民などバカだ。自分は自分の利益のために動いている」というのがたとえ本音であっても、そうは言えない。「国民の皆様のため」という建前を崩すことはできない。教育業界は「生徒の力を伸ばすため」、食品会社は「日本人の食生活を豊かにするため」という建前を大事にする。それは、口が裂けても否定することのできない理念だ。

したがって、これを人質にとる形で反論するわけだ。たとえば、教育業界の人に対して、「あなたの言う方法では、会社に利益がもたらされるかもしれないが、生徒の力がつかない」という方向で反論するわけだ。そうすれば、相手は否定できずに言葉に窮することになる。

また、相手が組織である場合、あまり有能でない上司がいたり、派閥対立があったり、不正行為があったりする。そうしたことを利用して、組織内で対立している別の人が話した内容を引き合いに出して、「先日、あなたの会社の人はこう言ったではないか。同じ会社なのに方針が違うのか」と言うこともできる。

バカに見える会話　パート2

自分では信頼される知的な人間のつもりでいる。が、周囲はその人が話し始めるごとにバカさ加減にうんざりした顔で目配せをする。あなたの周囲にそんな人はいないだろうか。いや、もしかしてあなたもそんな一人ではないか。バカに見える会話は先に紹介したもののほかにもまだまだある。

わかりきったこと、相手に関心のないことをとくとくとしゃべる

みんなが知っていることを、まるで自分だけが知っているかのように詳しく説明したがる人がいる。相手のほうがずっとよく知っているのに、長々と細かく話そうとする。聞いているほうはうんざりしているのだが、当の本人はそれに気がつかない。ときには、みんながとうの昔から当然と考えていることを大発見のように興奮して話したりする。とりわけ、その話し手が年上の上司だったりすると、周囲の人間は苦い気持ちをかみ殺すしかない。

また、映画や小説のストーリーなどを、初めから終りまですべて話さないと気がすまない人がいる。私は、かなり前のことになるが、すでに読んだことのある小説のストーリーを三〇分くらいにわたって聞かされ、閉口したことがある。相手が先輩だったので遮れなかったが、なんと無神経な人なのかと思ったものだ。

映画や小説だけではない。自分の体験をそもそもの始まりから詳細に物語る人がいる。もちろん、その話にメリハリがあり、ドラマ仕立てにして話す才能があるのならよい。だが、物事の始まりから話す人は、往々にして話し下手だ。聞き手を退屈させ、バカと思われること間違いない。

すぐに感情的になり、怒り出す

もう一つ、知性を感じさせないのが、すぐに感情的になる人だ。

とりわけ会議などで話し合っているときに、感情的になって怒り出すべきではない。議論というのは、いわば知的ゲームなのだ。論理の次元で根拠を示し、説得力を競っているわけだ。自分の意見を批判されたとしても、それは人間性を批判されているわけではない。論理の上で批判されたら、論理の上で批判し返さなければいけない。それを忘れて、言い負かされそうだからといって、声を荒立てたり、権力を振りかざしたり、ときには情にからめようとしたのでは、知性の敗北を認めるだけだ。また、「君なんかにわかるはずがない」といったことを言い出す人もいるが、それも話し合い自体を否定する言葉であって、思考を拒否するようなことを言っているに等しい。

自分の価値観だけで判断する

最終的にはあらゆることを自分の価値観で判断する必要がある。だが、自分の価値観だけで判断するのも禁物だ。たとえば、部下が慎重に物事をはこんでいるとする。それを上司が見て、しばしば、「消極的で、やる気がない」と評価する。やる気があるからこそ、様々な状況を想定して失敗のないように行動しているのを認めようとせず、ただただ元気を表に出すことを評価する。このように、自分の一方的な価値観に当てはめて物事を判断したのでは、知性が欠如していると言わざるをえない。

知性があるということは、多様な価値観を認めるということだ。どのような価値観で行動したのか、その人にどのような言い分があるのかを考慮したのちに判断してこそ、ホンモノの思考になる。それを考慮せず、自分の見方だけで判断するのでは、知性ある態度とは言えない。

人の話を聞かない

人の話を聞かない人、誤解したり、ねじ曲げたりする人も、知性を疑われる人だ。

相手の話をしっかり聞き、きちんと理解してこそ、相互理解が進む。それを無視して、自分の言いたいことばかりを言ったり、相手の言葉を遮ったりしていたのでは、相手の信頼を得られない。それでは、知性が認められるどころではない。とりわけ、相手が話したばかりのことを理解せずに同じことを聞き返したりしたのでは、信頼を完全に失ってしまうだろう。

自慢ばかりする

おろかに見えるばかりか、もっとも嫌われるのが、自慢をする人だ。自分の自慢、子どもの自慢、親戚の自慢などなど。

この種の人は、「愚痴」までも自慢に変えてしまう。「うちの子は、難しい本ばっかり読んでちっとも勉強しないのよ」「うちの子は、塾の先生に、素質はあるって言われているのに、勉強を嫌うのよ」というような言い方で愚痴をこぼす。だが、これも、自慢の一種であることには違いがない。周囲に迷惑を広め、自分のおろかさを声高に示していることを自覚する必要がある。

ワンパターンで同じところに落ち着く

何の話をしていても、最後には必ず同じことになってしまう人がいる。現在の政治の話をしていても、経済状況を話しても、知り合いの噂話をしていても、最後には、「いやぁ、今は平和でありがたいねえ。こんな平和な世界をこれからも守らなくちゃいけないね」などとまとめる。逆に、最後には、「だから、日本は再軍備しなければいけないんだ」と言い出すタイプの人もいる。あるいは、「だから、神様が見守ってくれてるのよ」という結論になる人もいる。

これでは、結論はすでに決まっていて、どんな問題も真剣には考えていないということを示すものにほかならない。自分の思想、自分の信念を重視するのは決して悪いことではないが、あらゆることを、自分に都合よく解釈してしまったのでは、思想とも信念とも言えない。考えることを人任せにしているだけだ。

第六章　背伸びをして知識を自分のものにする

■知識を増やすためには

前章までに、問題点を見つけるコツを覚え、論理的に思考するための「型」もマスターした。だが、これまで説明した方法で訓練しても、ホンモノの思考力を身につけるにはどうしても時間がかかる。なかなか知性は育たない。即効性を求めるのは無理としても、ある程度、ぐんぐんと力をつけている感覚がないと、ホンモノの思考力を身につけようという努力は長続きしないものだ。

そのためにも、もっともっと背伸びをして、もっと自分をアピールする必要がある。背伸びをして、実際以上に知的に見せてしまったからには、中身を整える必要も出てくる。そこで、本を読むなどして、もっと知識を増やし、もっと深く考えられるように努力する。そうするうちに、中身もだんだんと整っていく。

したがって、これから先、何よりも身につけるべきなのは知識だ。

知識がなければ、しっかりした思考はできない。自分の会社の将来にしても、世界情勢や世の中の動きと連動している。これからの社会の動きを見据えていないと、あしたの自分の行動も決められなくて当然なのだ。

知識を増やすために、なにも古典小説を読む必要はない。いや、実はドストエフスキーやプルーストや夏目漱石や三島由紀夫らの小説こそ読んでほしいし、それらを読むときっと無限の実りがあると思うが、現代の忙しい人々にそのような本を読む時間を作るのは、現実的には無理だろう。

だが、だからといって、情報源がスポーツ新聞や週刊誌ばかりというのも情けない。週刊誌でも重要な情報は得られるが、それは一過性のものだ。数週間たてば風化してしまう情報ではなく、もう少し長い間、価値をもち、それを読むことによって社会や人間の行動を分析できるような書物が好ましい。

その意味で私が勧めるのは、新書や文庫だ。これらは、手軽に読める。軽いので電車のなかでも読めるだろう。深く社会や人間を分析している書物も多い。しかも、専門書ほど骨は折れない。

■「受け売り」を否定するなかれ

本を読んだら、読みっぱなしにしてはもったいない。

かといって、私は読書ノートをつけることを勧めるつもりはない。もちろん時間があるのなら、そうしてほしいが、そうでなければ、必ずしも、必要ではない。むしろ、私は本を読んだら、すぐにそれを利用してほしいのだ。まずは「受け売り」を勧めたい。

手っ取り早く知性をアピールし、そうすることによってホンモノの思考力を身につける方法として、他人の意見を仕入れておいて、あたかも自分の意見のようにしゃべるわけだ。

受け売りを否定してしまうのは、私は大いなる間違いだと考えている。もちろん、受け売りはほめられたことではない。受け売りというのは、言ってみれば、無断借用だ。口で言う分には罪にならないが、文章に書いてしまうと、盗作ということになりかねない。だから、なるべく早く受け売りから卒業してほしい。しかし、どんな人にも、受け売りの段階があるものだ。

本を読む。感銘を受ける。そうすると、その考えをまるで自分の考えのように披露したくなるものだ。そのような受け売りを否定しては、いつまでも思考力も知識も身につかない。

私は小論文の指導を行っているが、そのなかでしばしば感じるのは、受け売りをする生徒のほうが、初めから自分で考えようとする生徒よりも、ずっと力をつけるのが早いということだ。自分で考えようとする生徒は、いつまでもありふれたことを書こうとする。自分で発見したことをしっかりと書こうとする態度には好感がもてるのだが、そのような生徒はいつまでたっても、それ以上のことを書こうとしない。背伸びをしないので、向上しない。

それに対して、他人の考えをあたかも自分の考えのように書く生徒がいる。初めのうちは、たどたどしく他人の考えを繰り返すばかりだ。だが、より高度な考えを追いかけていき、独創的なことを書くようになる。ときに、その考えを本当に自分のものにできずに、途中で支離滅裂になったり、矛盾したりする。が、それを繰り返すうち、独創的なことを自分で考えるようになる。

そもそも思考法をいくら知っていても、知識がなければ、深く思考することはできない。他人の思考を知り、それを知識として蓄えるうちに、自分なりに分析できるようになる。そのためにも、他人の考えを受け売りして人前でしゃべるというのは、実は大事な期間なのだ。受け売りするためには、知識を増やさなければならない。その意味で、受け売りは、知識を増やすための大事な方法と言っていいだろう。

ところで、受け売りの変形に、以下のようなものがあると思われる。このようなことも、どしどし使うべきだろう。

▼**蘊蓄**

私は、受け売りの次に来るのは、「蘊蓄《うんちく》」だと考えている。

日本の民主主義が話題になっているとする。すると、日本の民主主義の変遷について講釈する。日本の教育が話題になる。すると、教育理念について講釈する。缶詰が話題になる。すると、缶詰の歴史を講釈する。

下手をすると、蘊蓄は退屈な講釈になり、誰も耳を傾けなくなる。したがって、蘊蓄は、周囲の人の興味を引くものでなければならない。周囲の人をしらけさせていると判断したら、さっさとやめるべきだ。だが、そのような節度をもったうえであれば、薀蓄を傾けることも、決して悪いことではない。ときには座を盛り上げ、物知りぶりを発揮できるだろう。

▼引用

欧米人はしばしば文学作品や詩を引用する。イギリス人はシェークスピア、フランス人はユーゴーを得意とする。引用が教養のしるしになっているといってよさそうだ。引用辞典が一般書店で数多く売られているし、日本人の外国文学研究者も、そのような辞典がないと、評論や演説文書を読み進めないことが多い。一見何気ない文が、実は過去の大詩人の言葉のもじりであったりする。

もちろん、これを日本でまねしすぎると気障《きざ》でしかない。だが、日本人ももう少し、文学や哲学や歴史を引用して、知性をアピールしてもいいだろう。「こんなとき、織田信長は、こんなことを言っているよ」「夏目漱石に、こんな一節があるよ」というようなセリフは、言葉を格調高いものにするだろう。それほどの古典ではなくても、最近の新書や文庫を引用して、識者の意見を示すのでもいいだろう。

■転用の勧め

だが、私がそれ以上に勧めるのは、「転用」だ。

私の言う転用とは、前もって知識を身につけておいて、その知識を使って、自分の意見を言うことだ。その知識は一〇年前の日本社会について語っているかもしれない。あるいは、普遍的な事実を語っているかもしれない。それがそのまま、今話題になっていることに当てはまるかどうかわからない。そこで、自分の考えようとしていることに当てはめて、ネタを少し加工して転用するわけだ。

どんな評論家であれ、どんなに頭の回転の速い人であれ、突然、それまで考えたことのないことについて意見を聞かれて考えようとしても、すぐにその問題について答えが出るわけがない。すぐに鋭いことを考えられる人は、前もってそれについて考えたことのある人だ。

数学のテストを思い出していただきたい。そっくり同じ問題を勉強したことがあったときや、似た問題を解いたことがあったときなど、テストですらすらと答えられたのではないだろうか。もちろん初めは、虚心に問題に当たるかもしれない。が、解いていくうち、「あ、これはいつか解いた問題と同じパターンだ」と気がつく。そうして、そのあと楽々と解ける。数学が得意だった人に聞くと、だいたいそのようにしてテストにのぞんでいたことがわかる。

ものを考える場合も、同じことが言える。考えているうち、「あ、これも同じ問題だ」と気がつくだろう。

しかも、転用は独自の視点になる。転用することによって、他人と違った視点が生まれる。誰も考えそうもないことを考える。その結果、人と違ったおもしろい意見が生まれるわけだ。

たとえば、私の勧める新書に山本雅男著『ヨーロッパ「近代」の終焉』（講談社現代新書）がある。ここには、ヨーロッパの近代思想がどのようなものであったか、それがどのように世界に影響を与えたのかが説明されている。そして、近代になってから「理性的精神の絶対化」が行われて狂気が排除され、そのために効率が重視されるようになって、人間には生きづらい社会が建設された状況が書かれている。

そうした知識をもっているとする。そして、テロに対するアメリカの行動が話題になっている場合に、この知識を転用して考えてみるわけだ。そうすると、アメリカが世界に欧米流の理性主義を広めようとして、イスラム的な価値観を非理性的なものとして排除しようとしている状況などが論理的に説明できるだろう。

あるいは、怪奇現象を扱っているテレビ番組が放映されているとする。たまたま撮った写真の中に亡霊の顔が映っていた――といったたぐいの番組だ。こうしたことについて、良識派は、そんなことはありえない、愚劣だと判断するが、これは、理性を重視し、科学的な答えを求める近代主義者の考え方に基づいている。したがって、そのような理性絶対の考え方が、効率重視の社会を作り、弊害が出ていることを指摘することができる。怪奇現象を扱う番組から、知識の転用によって社会問題を分析するのだ。

このように、蓄えた知識を用いて、現代の出来事、話題となっている出来事について判断する。

もちろん、知識が少なかったら、いつも同じことを繰り返すだけになる。だから、できるだけたくさんの知識が必要だ。それをうまく転用することによって、様々な出来事に応用できるだろう。

■かぶれる

次にするべきなのは、自分のひいきの作家や評論家、哲学者を見つけ、得意な領域を作ることだ。どんな分野でもよい。その領域について誰にも負けないくらい知識を増やす。そうすることで、それを核として、様々な知識を増やしていく。

私が学生のころ、マルクスかぶれがたくさんいた。彼らに政治的な出来事や社会問題について意見を聞くと、マルクス主義的な答えがどっと返ってきたものだ。吉本隆明ファンもいた。彼らからも、吉本流の意見が返ってきた。私は彼らの知性に圧倒されるしかなかった。

もちろん、それはそれで問題がないわけではない。何かにかぶれるのは危険な面もある。それはときに、ほかの考えを受け入れなくなり、凝り固まってしまって、むしろ知性に反することになる。しかも、何もかもをある一つの思想で説明できると信じるのも危険なことだ。いや、それ以前に、マルクスかぶれなどがいると、いつもいつもマルクス主義的な話を聞かされ、周囲は迷惑だ。

だが、かぶれる時期は、思考力をつけるための過程としては、きわめて重要だと言えるだろう。しかも、一人の思想にかぶれるのでなく、数人の思想にかぶれるのは、決して悪いことではない。本に刺激を受けながら読書を続けるということは、次々と本にかぶれ続けるということだ。そして、それを続けるうちに、知識が増えてくる。様々な考えを知り、自分で考えられるようになる。

そもそも興味のある分野ができて、何かにかぶれると、もっと知識を増やしたくなるものだ。そして、自然と得意の分野ができてくる。

たとえば、歴史文学に関心をもち、戦国史を深く理解すれば、それに基づいて歴史のあり方、経営のあり方などを考えることができるだろう。また、野球やサッカーを深く知ることによって、経営にもつながる作戦と人間心理、人間掌握術を学ぶことができるだろう。

自分の得意領域を中心に考えることによって、あらゆることを深く考えられるようになる。逆に、自分の領域にもち込むことによって、相手に知性をアピールすることもできる。そればかりか、それを核にして、どんどんと知識が広まっていくだろう。

■これからの鍛錬法

ここまで実行したら、すでにかなりの力がついているはずだ。あとは、思考力を持続し、いっそう鍛錬することが残されているだけだ。

私が思考力の鍛錬法として勧めているのは、議論相手を見つけることだ。

将棋や囲碁などで強くなるコツとして、同じくらいのレベルの仲間を見つけることだとよく言われる。ライバルがいると、競い合ってテクニックを磨こうとする。そして、いつのまにか腕を上げる。それと同じで、ホンモノの思考力を身につけるときも、ライバルの存在が大きい。

誰かを言い負かそうとして議論をすると、思考力は飛躍的に伸びる。ただ自分で思考力をつけようとしているだけでは、なかなか力の伸びは実感できない。友人や同僚など、対等な人間を相手に、様々なことで議論をするくせをつけておくといいだろう。そのような相手なら、たとえ手の内を見破られても、いくらでも取り返しがつく。ただし、あまりに度が過ぎるとうるさがられることがあるので、節度が必要だ。

もし、適当な議論相手がいない場合は、新聞の投書欄と「ケンカ」をすることを勧める。投書欄には毎日、読者の意見が載る。本書で説明した方法で、それに反論してみるわけだ。投書を的確に理解しようと努め、その背景にある二項対立を理解し、型に当てはめて疑問を示し、そのあとで、その投書への意見をまとめてみるわけだ。

そして、もう一つ勧めるのが、文章を書くことだ。頭の中で考えただけでは、形として残らないため、思考が深まっていかない。かつて考えたことも記録として残らない。そうなると、いつまでも進歩しない。だが、文章として残しておくと、かつての自分の考えを振り返ることができる。だんだんと過去を乗り越えていける。そして、それをもっと深めることもでき、自分自身の考えを築いていくことができる。覚え書として、文章を残していくと、思考の記録となる。

もちろん、長い字数でなくてよい。四〇〇字ほどで十分だろう。日記代わりに、数日に一度、書くのでもよい。あるいは、インターネットで意見を公開するのでも、投書欄に投書するのでもよい。いずれにせよ、自分なりに文章をまとめてみるわけだ。

初めのうちは受け売りだったり、転用だったりしたことが、だんだんと自分で考えるようになるのを実感できるだろう。自分で書くための知識を得ようとするために、社会や人間についての知識も深まり、そして、いつのまにか、ホンモノの思考力が身についた達人になっていることだろう。

練習問題10

一八四ページで記述したように、近代になってから欧米では「理性的精神の絶対化」が行われ、狂気が排除され、そのために効率重視の生きづらい社会が建設された。このような知識を「転用」して、以下の意見の根拠を述べなさい。

①童話の多くは社会道徳を子どもに教えるためのものでしかなく、子どもの本当の心を描いていない。

②捕鯨は日本の文化なのだから、これを禁止するのはおかしい。

解答例

①近代になってから「理性的精神の絶対化」が行われたが、その際、子どものもつ反理性的な面が、矯正されるべきものとみなされた。童話は、大人が子どもを教育し、理性化するた

めに使われた。

②欧米の人は、日本人の捕鯨を非難するが、その背景には、理性的な社会である欧米の文化が正しく、それ以外のアジア・アフリカの文化は劣っているという意識がある。また、欧米の人は、「鯨は知能の高い動物だ」と言うが、それも理性的なものが大事だという考えに基づいている。動物のなかでもっとも賢い鯨がほかの動物よりも上だと考えるわけだ。しかし、そうしたことは、欧米の理性重視の独善的な考え方にすぎない。

結びにかえて

■ある会議

二〇年ほど以前のことだ。ある出版社の仏和辞典刊行に、執筆グループの一員として参加したことがある。日本を代表する二つの有名大学の教授を監修者として、その指示に従って、若手の仏語仏文研究者が実際の執筆をすることになっていた。

数回の編集会議のことは今でも忘れない。

最初の会議では、どのような性格の辞書にするかが話し合われた。編集長の呼びかけに応じて、監修者の一人（便宜上、A先生としておこう）がまず、「これから作ろうとする辞書は、会話や作文の役に立つものであるべきだ」と語った。次に、もう一人の監修者（B先生としておく）が意見を聞かれた。B先生は「A先生のおっしゃるとおりで、異存はありません」とまず言った。私たちは、これで、編集方針は決定したものと思った。が、B先生の話はまだしばらく続いた。よく聞いてみると、「この辞書は、会話や作文よりも、文章を読んだり、深く理解したりするために役立つものであるべきだ」と語っている。

　もちろん編集者も二人の監修者の意見の違いに気づいて、再びA先生の意見を聞いた。すると、A先生も、「まったく同感で、B先生のおっしゃるとおりです」と言う。では、A先生は自分の意見を捨てて、B先生に同意したのかと思っていると、そうではない。初めに話したのと同じようにまた長い時間をかけて、「会話や作文に役立つ辞書」が必要だという主張を繰り返し始めた。

　明らかに二人の監修者の意見は対立していた。だが、二人とも表立っては、「おっしゃるとおりです」と語るばかりで、論点を明確にしない。明確にしないまま、毎回、かなり長い演説をする。議論は進まない。いや、そもそも議論の形にならない。次の編集会議でも、その次の会議でも、すべてがうやむやのまま進んでいく。会議のあと、お二人の監修者とともに飲みに行くことがあったが、そのときも、お二人は意気投合した形で、「良い辞書にしましょう」と語っているだけで、話は具体化されない。

　困るのは、二人の指示のもとで実際に執筆することになる私たち当時の若手だ。「個性的に書いてくれてよい」「フランスというのは自由の国なのだから、フランスらしく、自由な雰囲気にあふれる良い辞書にしてほしい」と言われるが、具体的にどうしてよいのか途方にくれた。恐る恐る質問してみるが、明確な答えが示されず、これ以上質問をすると場の雰囲気を壊しそうで、黙っていた。結局私はその仕事をすぐに放り出した。

私は二人の監修者を批判しているわけではない。二人は日本の仏語仏文学会を代表する知性のもち主だった。今でもお二人を尊敬する気持ちに変わりはない。専門分野に関するお二人の業績は素晴らしいものだった。また、私は大学や出版社が特異な社会だと言いたいわけでもない。このような会議の形は、おそらく日本のあちこちで毎日繰り返されていることだろう。これこそが日本の会議のきわめてありふれた形と言えるかもしれない。

むしろ、私が言いたいのは、日本を代表する大学の有名教授であり、フランス文学を教える日本の代表的知識人ですら、このような態度をとってしまう日本の教育状況のお粗末さなのだ。日本を代表する大学の教授にしてこうなのだと考えると、日本の教育を取り巻く状況に対して暗澹たる気持ちにならざるをえなかった。

■ゆとり教育の罪

日本の学校教育は、一九八九年に新しい学習指導要領が示され、一律の知識や技能を子どもたちに身につけさせるのでなく、「子どもが自ら考え主体的に判断し、表現したり行動できる資質や能力の育成」をしようという「新しい学力観」が打ち出された。そして、学力の評価も「知識・理解」ではなく「関心・意欲・態度」に重点が移った。こうして、「自ら学ぶ意欲」と「社会に主体的に対応できる能力」を育成する「個性を生かす教育」を重視しようとした。

そして、二〇〇二年、それまでの学習指導要領をいっそう進めた「ゆとり教育」と呼ばれる理念に基づく新学習指導要領が実施されるようになった。ゆとりが重視され、総合学習の時間が設けられ、それまでの相対評価から絶対評価へと評価法が変化した。つまりは、より思考力を高め、自主的に思考し、個性を重視する教育が進んできたわけだ。

では、そのような教育の変化によって、日本の教育状況は改善されたか。二〇年前と比べて、若者は思考力を身につけ、自分の意見を明確に言えるようになったか。

詰め込み教育がなされて、思考力や総合力が軽視されていることを苦々しく思っていた私は、「新しい学力観」が取り入れられたとき、大いに期待を抱いた。もっと思考力を高め、詰め込みではない教育が行われるようになるかもしれないと考えた。しかし、その実態がわかるにつれ、そして、「ゆとり教育」がスタートするにつれ、失望せざるをえなかった。「新しい学力観」を目指すと言いながら、現在の思考力を育てる教育はますます曖昧になっていると言えるのではなかろうか。

たとえば、総合学習の時間。もちろん多くの先生方が、様々な工夫をしているだろう。みごとな授業をなさっている先生も多いと思う。しかし、私の見聞きするかぎり、多くの小学校、中学校で、ただ体験授業が行われ、「調べ学習」が行われているだけだ。「エイズについて」「京都の寺院や建物の歴史について」「近くの川の歴史について」といった題が与えられ、図書館やインターネットで調べて、それをまとめるだけの授業が行われている。しかも、そこでは、社会分析の方法も、調査の方法も教えられない。レポートのまとめ方も教えられている様子がない。「差別はやめよう」「自分たちの文化を大事にしよう」「自然を大事にしよう」「川をきれいにしよう」というような道徳的な結論が導き出されるだけの授業しか行われていない。

私の主宰する小論文・作文の通信指導塾で、しばしば生徒や父母にアンケートをとる。その中で、学校での総合学習のあり方、それに対する意見を尋ねてみると、総合学習の時間を「つまらない」「退屈で意味のない時間だ」という答えが返ってくる。それから判断するに、総合学習の時間が思考力や社会性の養成に使われている様子はない。

いや、それだけならまだよい。むしろ、個性重視、生徒の自主性重視を打ち出したために、混乱が深まっている。体罰はもちろん、叱り飛ばすことも強制することも、集団行動を押しつけることもできなくなったために、先生は生徒をコントロールできなくなり、学級崩壊が起こっている。そして、思考の原型すらも、教えられなくなっている。

教育というのは宿命的に、生徒にむりやり自主性をもたせるという矛盾を孕んでいる。ほとんどの生徒は、自ら学ぼうとはしない。生徒が自分から学びたくなる気持ちになるのを待っていたら、教育は成り立たない。名人が授業をすれば、クラスの半数以上に学びたい気持ちを掻き立てられるかもしれないが、それでもクラス全員が学びたいという気持ちを自らもつという状況は永遠に訪れないだろう。

自主性をもたせるためには、そして、自分で考える力をつけさせるためには、まずは押しつける必要がある。基本的な考え方のテクニックを示し、それを見よう見まねで繰り返させ、訓練する必要がある。小学校一年生で足し算と引き算を教え、それを繰り返し練習させたからこそ、もっと複雑な数学が解けるようになったのだ。それと同じことで、社会に対する考え方なども、まずは考える基本を教える必要がある。むりやり教え込んでこそ、生徒たちは自主性をもち、自分で考えるようになる。

だが、「新しい学力観」、そして「ゆとり教育」の理念に基づく学校教育はむしろ、それに反対することばかりしてきたのではなかろうか。

現在の学校教育は、イエス・ノーを明確にすることに抵抗を示す。いろいろな考え方がある、答えは一つではないという口実のもとに、イエス・ノーを明確にすることを「単純な二分法」とみなして嫌う。その結果、様々なものを灰色にし、ぼやけさせる。曖昧であることが人間性のしるしと考えて、実は様々な事柄についての判断を保留する。つまりは、曖昧で論点の不明確な思考を奨励していることになる。

現在の学校教育はまた、個性を大事にするという名目のもと、型どおりに考えることを否定する。絵も読書感想文も、「思ったとおりに書け」というばかりで、テクニックも論理も教えない。いや、教えることを拒否している。何も教えないことを、個性重視と考えているふしがある。

現在の学校教育は、しかも、あいかわらず目立ちたがりを嫌う。先生たちは個性を発揮することが大事だと口にする。だが、それと同時に、目立ちたがることを不純として嫌い、控えめで、みんなと同じでよいと考えている子どもをかわいがる。個性重視ということは、言い換えれば、自分はほかの人とは違うんだという意識を強くもつこと、つまりは、目立ちたがるということにほかならないのだが、それを理解しない。だから、先生たちは、個性的な人間を排除し、真面目で平凡な人間を大量生産してしまう。

■小論文とディベートを授業に

では、このような状況を改めるのに、どうするべきなのか。

私は、本書において説明してきたテクニックを、子どものうちから身につけることがもっとも大事だと考える。現実に疑問を抱いて問題点を明確にする。イエス・ノーをはっきりさせる。それを型に基づいて思考し、論理的に会話をし、質問をし、反論をする。そのようなテクニックが身についていれば、日本中の会社や役所や学校での会議という無駄な時間を、かなり内実のあるものにすることができる。子どもたちは、これからの国際社会で生き抜く力を身につけることができる。

私は、民主主義社会における学校の役割は、一言で言えば、自分で考えるための基礎力をつけることだと考えている。他人の言いなりにならず、政治家や識者の意見をうのみにして情緒的に意見を変えるのでなく、自分の意見をしっかりともち、自然や社会や人間をしっかり見つめる力を養うのが、学校教育の役割なのだ。

そのためには、小論文やディベートを総合学習に取り入れることを私は提案する。

小論文やディベートは自分の意見を明確にするものだ。この訓練をすることによって、曖昧さが解消される。先にあげたような会議は日本からだんだん少なくなっていくだろう。しかも、自分の主張を裏づけるために、知識を増やそうとする。そうするうちに、読解力もついてくる。関心も、自ら学ぼうとする意欲も生まれてくる。一つの答えではなく、様々な考え方、様々な答えがあることも知ることができる。こうして、だんだんと論理力ばかりか洞察力、つまりは総合力がついてくる。まさしく、「ゆとり教育」が目指していた力を育てることができるのだ。

そして、それこそが本書で私が繰り返してきたホンモノの思考力にほかならない。

もっと多くの高校・大学が、小論文を入試科目に加えることをお願いしたい。確かに、小論文は採点しにくい。問題も作りにくい。手間がかかる。受験生の力を的確に把握できて、採点のばらつきも出ないような課題を作るのは容易ではない。だが、小論文を入試科目に加えることで、総合力を判断できる。いや、それ以上に、中学生、高校生に小論文の勉強を課すことができる。そうすれば、飛躍的に日本人の思考力はアップするだろう。

それなのに、自分たちの問題作成技術の欠如を棚にあげて、小論文試験を取りやめる大学が出てきていることは、大学側の怠慢だと私は考える。これほど思考することが求められ、書く力、考える力が求められている時代に、詰め込みの知識を試す問題に戻るのは時代に逆行しているとしか言いようがない。

多くの生徒や学生が、論理的に思考することに慣れ、日常的に政治や人間や社会について議論し、自分の主張をもって、それを裏づけようとする社会が到来したとき、日本は、もっと成熟しているだろう。そして、そのときには、もっと自由でもっとわかりやすい社会になっているだろう。そのような社会にするためにも、今、しっかりした教育をする必要があると、私は考えるのだ。

*　　*　　*

正直に告白しよう。

私は当意即妙の会話の達人ではない。議論も決して得意ではない。頭の回転もそれほど速くない。意地悪な質問をすることもほとんどない。むしろ、私はすぐには反論を思いつかず、あとで鋭い反論を思いついて悔しい思いをするタイプの人間だ。いたって引っ込み思案で、人前でしゃべるのが何よりも苦手だ。スピーチのときなど、しばしばしどろもどろになる。

しかも、実は私は本来あまり論理的な人間ではない。今はかなり論理的に考えられるようになったが、これはかなり遅くなってから獲得した能力だ。学生のころまでの私は、神秘主義を好み、明晰な思考を軽蔑し、故意にわかりにくい文章を書いて悦に入っていた。当時、友人たちから「お前の話はよくわからない」と言われ、それをむしろほめ言葉と受け取っているほど、非論理的な人間だった。

したがって、本書は、私がたやすく実行していることをまとめた本ではない。三〇年近くかけて、私が少しずつ試行錯誤の上で獲得してきたことをまとめたものだ。つまり、ここにまとめたのは、決して論理的ではない人間が、論理的に思考するにはどうすればよいかを考え、実行してきた記録とも言えるだろう。

逆に言えば、ここにまとめたのは、とりわけ論理的な人でなくても、誰でも実行できることなのだ。現に私は小論文指導をしながら、このような思考法を、それまで自分で考えようと少しもしなかった若者に教え、若者は自分なりに考えるようになっている。

私は本書にまとめたことを、より多くの人に実行してほしい。そして、そうするうちに本書を乗り越え、もっと別の思考法を見つけ出してほしい。本書は、ホンモノの思考力を目指して歩く人に乗り越えられるための存在でしかない。

最後になったが、本書執筆にあたって厳しくも的確なアドバイスをくださった集英社新書編集部の池田千春さんには、感謝の言葉もない。本書が読むに耐えるものになったとすれば、それは池田さんのおかげだ。

なお、小論文の模範解答などを、ホームページで紹介している。思考力をつける一つの鍛錬法としてご覧になっていただきたい。

アドレスは、http://homepage2.nifty.com/higuchi/

樋口裕一（ひぐち ゆういち）

一九五一年大分県生まれ。早稲田大学第一文学部卒業後、立教大学大学院博士課程修了。仏文学、アフリカ文学の翻訳家として活動するかたわら、小論文の指導に携わり、独自の小論文指導法を確立。小論文指導ゼミナール「白藍塾」主宰、東進ハイスクールでも指導にあたる。著書に『ホンモノの文章力』『日本語力崩壊』『やさしい文章術』ほか、訳書にソニー・ラブ＝タンシ『一つ半の生命』、ジョルジュ・バタイユ『エロスの涙』など多数。

ホンモノの思《し》考《こう》力《りょく》

二〇〇三年 七 月二二日 第一刷発行
二〇〇四年一〇月一八日 第八刷発行

集英社新書〇二〇〇E

著者……樋口裕一《ひぐちゆういち》
発行者……谷山尚義
発行所……株式会社集英社
東京都千代田区一ツ橋二－五－一〇 郵便番号一〇一－八〇五〇
電話 〇三－三二三〇－六三九一（編集部）
〇三－三二三〇－六三九三（販売部）
〇三－三二三〇－六〇八〇（制作部）

装幀……原 研哉
印刷所……凸版印刷株式会社
製本所……加藤製本株式会社

定価はカバーに表示してあります。

ISBN 4-08-720200-3 C0295

Printed in Japan

a pilot of wisdom

集英社新書　好評既刊

a pilot of wisdom

舞台は語る　扇田昭彦
妖怪と怨霊の日本史　田中聡
若き女職人たち　阿部純子　伊藤なたね
mamboo《マンボー》流大釣りの極意　坂井廣
残り火のいのち 在宅介護11年の記録　藤原瑠美
臨機応答・変問自在2　森博嗣
バイオテロと医師たち　最上丈二
シェイクスピアの墓を暴く女　大場建治
超ブルーノート入門　中山康樹
中華思想と現代中国　横山宏章
短編小説のレシピ　阿刀田高
歌声喫茶「灯《ともしび》」の青春　丸山明日果
ナショナリズムの克服　姜尚中　森巣博
生き物をめぐる4つの「なぜ」　長谷川眞理子
パリと七つの美術館　星野知子
「明星」50年 601枚の表紙　明星編集部編
学閥支配の医学　米山公啓

天才アラーキー 写真ノ時間　荒木経惟
陰陽師　荒俣宏
物理学と神　池内了
プルーストを読む　鈴木道彦
写真とことば　飯沢耕太郎
外為市場血風録　小口幸伸
江戸の色ごと仕置帳　丹野顯
フランス映画史の誘惑　中条省平
スーパー歌舞伎　市川猿之助
語学で身を立てる　猪浦道夫
花をたずねて吉野山　鳥越皓之
挿絵画家・中一弥　中一弥
魚河岸マグロ経済学　上田武司
文士と姦通　川西政明
廃墟の美学　谷川渥
自動販売機の文化史　鷲巣力
動物化する世界の中で　東浩紀　笠井潔